光明社科文库
GUANGMING DAILY PRESS:
A SOCIAL SCIENCE SERIES

·经济与管理书系·

品牌竞争力形成机理
与提升路径研究

吕艳玲　张　鹏丨著

光明日报出版社

图书在版编目（CIP）数据

品牌竞争力形成机理与提升路径研究 / 吕艳玲，张
鹏著 . -- 北京：光明日报出版社，2023.7
ISBN 978 - 7 - 5194 - 7333 - 4

Ⅰ.①品… Ⅱ.①吕… ②张… Ⅲ.①企业管理—品
牌战略—研究—中国 Ⅳ.①F279.23

中国国家版本馆 CIP 数据核字（2023）第 114523 号

品牌竞争力形成机理与提升路径研究
PINPAI JINGZHENGLI XINGCHENG JILI YU TISHENG LUJING YANJIU

著　　者：吕艳玲　张　鹏

责任编辑：刘兴华　　　　　　　　责任校对：李　倩　张慧芳
封面设计：中联华文　　　　　　　责任印制：曹　净

出版发行：光明日报出版社
地　　址：北京市西城区永安路 106 号，100050
电　　话：010 - 63169890（咨询），010 - 63131930（邮购）
传　　真：010 - 63131930
网　　址：http：// book. gmw. cn
E - mail：gmrbcbs@ gmw. cn
法律顾问：北京市兰台律师事务所龚柳方律师

印　　刷：三河市华东印刷有限公司
装　　订：三河市华东印刷有限公司

本书如有破损、缺页、装订错误，请与本社联系调换，电话：010-63131930

开　　本：170mm×240mm
字　　数：229 千字　　　　　　　印　　张：15.5
版　　次：2023 年 7 月第 1 版　　　印　　次：2023 年 7 月第 1 次印刷
书　　号：ISBN 978 - 7 - 5194 - 7333 - 4
定　　价：95.00 元

目 录
CONTENTS

第一章

导　论

　　世界自进入现代社会以来，品牌力的强弱成为衡量企业实力和国家经济发展质量的重要指标之一。有学者指出，在一个市场化程度愈来愈高的大国经济体里，面对全方位开放所带来的激烈竞争，如果没有足以影响市场走向的品牌，仅仅依靠低廉的劳动力成本和一降再降的产品价格参与市场竞争，这种竞争力的可持续性本身就是值得怀疑的①。经过改革开放四十多年的发展，中国制造享誉世界，我国已成为世界第二大经济体，涌现出一批世界级规模的企业。2021 年入选《财富》全球 500 强排行榜的中国企业数量居世界第一，达 135 家，占 27%；但中国企业在创建世界一流品牌方面还存在相当大的差距，国际权威机构 Interbrand 颁布的 2021 年世界品牌百强榜，中国只有华为上榜，仅占 1%。我国品牌竞争力的弱势地位显而易见。与此同时，伴随着工业化和信息化的发展，服务经济逐渐成为经济发展的主导，创建强大的服务品牌面临战略机遇。但是，在实际的品牌运作中，很多企业对品牌为什么会有竞争力的问题缺乏了解，品牌运作处于表面层次，缺乏系统性和长远性，影响了品牌竞争力的形成和提高，以致陷入品牌竞争力的"八大困局"：品牌缺乏足够的市场影响力，不具备消费的征服力，创新能力缺失，缺乏抗风险能力，融资能力有限，产业整合能力低下，国际化能力弱，以及可持续发展能力堪忧②。企业的品牌困局理应成为品牌学者的研究课题，无论是制造业还是服务业，培育强大的品牌都是一个重大的现实课题，本书选题

---

① 张世贤. 现代品牌战略［M］. 北京：经济管理出版社，2007：20.
② 张世贤. 现代品牌战略［M］. 北京：经济管理出版社，2007：21-26.

"品牌竞争力形成机理与提升路径"，意在探索强势品牌是如何炼成的基本逻辑，为中国企业突破品牌建设困局、培育强大的品牌竞争力提供理论依据。

第一节　研究背景与研究问题的提出

一、研究背景

（一）品牌重要性的提升与我国品牌弱势的现实

尽管在 1955 年，美国学者加德纳和列维就在《哈佛商业评论》上发表论文《产品与品牌》，指出了品牌与产品的差异，但品牌地位的崛起是从 20 世纪 80 年代中后期开始的。当时，企业间的兼并收购案在欧美等国盛行。令财务主管们吃惊的是，在几个大规模并购案中，实际收购价格远远超过了被收购企业的账面价值，其中的差额就是品牌溢价。自此，"品牌是企业最重要的资产"的观点得到了越来越多的经营管理者的认同，品牌在企业管理中的战略地位开始确立。著名的美国品牌管理学家凯文·莱恩·凯勒的品牌著作即为《战略品牌管理》，他把品牌从营销策略或者产品策略层面提升到了营销战略层面。2006 年，有"现代营销之父"之称的美国营销学家菲利普·科特勒出版了第 12 版的《营销管理》，其中一个重大的变动就是邀请凯勒教授作为合作者，并在结构上加大了品牌章节的比重，这从某种程度上来说是营销权威学者对品牌学科地位重要性的肯定。

在国内的市场竞争中，品牌竞争也有一个逐步发展的过程。改革开放以来，我国企业的品牌竞争大致可以划分为三个阶段：

第一阶段，品牌意识觉醒阶段（20 世纪 80 年代至 90 年代初期）。随着我国改革开放政策的出台，一批国外品牌纷纷抢滩中国市场，先是松下、索尼等日本品牌，然后是奔驰、福特等欧美品牌。这些国外知名品牌在给我国经济和人民群众生活带来巨大变化的同时，也给我国的民族工业带来了巨大威胁。国外知名品牌凭借其雄厚的资本，一方面通过强有力的广告、促销等手段开拓市场，另一方面实施"品牌战略"，收购我国有一定知名度的品牌，或无偿提供自己的品牌，或干脆封杀我国的品牌，以达到垄断市场的目的。一些有远见的企业经营者认识到，要发展民族经济，就必须发展我们自己的品牌，意味着我们品牌意识开始觉醒。

第二阶段，国内品牌发展和品牌竞争起步阶段（20 世纪 90 年代）。随着市场经济的迅速发展，我国的市场结构发生了根本性的变化，由卖方市场逐渐转化为买方市场，市场竞争日趋激烈。由于产品趋同、促销方式单一，导致品牌成为企业和商品在消费者心目中的形象聚焦点和识别点。品牌逐渐受到各级政府及各行业的重视。企业纷纷制定自己的名牌发展战略，并涌现出了一批有一定知名度的品牌，如家电行业的"长虹""海尔"，计算机行业的"联想""方正"等。这些国内品牌都是在洋品牌的重重包围中奋力冲杀出来，凭借自己的实力赢得较大的市场占有率的。我国企业家的品牌竞争经验也日益丰富，品牌开始为企业创造更强的市场竞争力。

第三阶段，品牌竞争全面展开阶段（2000 年至今）。随着中国加入 WTO，经济全球化进程的加快，企业经营的跨国化、资本的国际化、战略的全球化已经使品牌竞争进入到国际化的历史新时期。中国的企业和企业家们已经认识到品牌国际竞争的必要性和紧迫性，品牌的国际竞争拉开帷幕。

然而，面对在成熟市场中历经千锤百炼的世界级品牌，中国品牌仍处于明显的弱势地位。2021 年度由著名品牌评估机构 Interbrand 推出的全球品牌价值前 100 强品牌中，中国品牌仅有华为一家上榜，排名第 85 位。由此可见，品牌竞争力的培育和提升是中国企业面临的一个重大现实课题。

（二）服务经济时代和后工业化社会的来临

20 世纪中期以来，世界经济已经由制造业占统治地位的产品生产时代进入服务业占据主导地位的时代——"服务经济"时代。在美国、加拿大、法国、英国和澳大利亚等发达经济国家，服务业在整个国民经济中所占的比重超过 70%；服务业就业人口也已远远超过制造业，成为劳动就业的主体。可以说，在当今世界，服务业正在逐渐取代制造业成为经济增长和国际贸易发展的主要驱动力量。服务业的迅猛增长和其经济贡献已经引起了人们对服务业的更多关注。

早在 1968 年，美国经济学家富克斯在其所著的《服务经济学》一书中首次提出了"服务经济"的概念。他在书中指出："我们现在处在'服务经济'之中，即在世界历史上，我们第一次成为这样的国家，在其中一半以上的就业人口不再从事食品、服装、住房、汽车和其他有形产品的生产。"他同时指出美国在西方国家中率先进入"服务经济"社会，并认为在美国已深入展开，并在其他发达国家表现出来的从工业经济向服务经济的转变尽管较为缓慢，但依然是一场巨大的变革，这场变革的深度和广度应该与"工业革命"等量齐观①。

富克斯的这一"革命性宣言"很快引起了理论界的关注，并引发了更为深入的研究。哈佛大学社会学家丹尼尔·贝尔（Daniel Bell）在此基础上，提出了"后工业化社会"的概念。他指出，在一些国家的工业化全面完成以后，人类社会发展就进入"后工业化社会"阶段。在这一阶段，服务业将成为经济中的主要产业部门，服务产品的生产成为经济活动的主体。这一阶段更为关注生活质量，它由诸如健康、教育、娱乐等方面的服务水准决定。

贝尔认为，从工业化社会向后工业化社会转变有多种方式。首先，为了支持工业化进程，服务业得到自然发展，比如交通运输和公共事业。其次，人口的增长和物质产品的大量消费促进了批发和零售业务的发展，银行、房地产及保险业也随之受益。第三，随着收入的提高，食品和生活必需品的消费比例下降，人们开始把剩余的钱用于耐用消费品和服务消费。

富克斯和贝尔的研究成果获得了广泛认可并获得了实际经济发展的验证。目前，世界各国正在进行经济结构调整，发达国家正从制造业向服务业转移，通过服务业的发展增强制造业的竞争力，努力实现经济从制造业向服务业的转移；发展中国家也在大力发展服务业，通过增强服务业竞争力来提升整个

---

① 蒋三庚. 现代服务业研究［M］. 北京：中国经济出版社，2007：3-5.

国家的竞争力。

作为世界经济一大亮点的中国，服务业近年来在整个国民经济中的地位稳步上升，已经成为我国经济发展的主导产业。我国《国民经济和社会发展统计公报》显示，2013 年第三产业增加值占国内生产总值的比重首次超过了第二产业；从 2015 年至今，第三产业增加值占国内生产总值的比重均在 50% 以上。与此同时，国家还出台了诸如打破垄断、放宽准入领域、健全服务业标准体系等一系列加快服务业发展的各项政策措施。在经济飞速发展和国家政策大力推动这一大背景下，中国的服务业将面临前所未有的发展良机，大力发展服务品牌，抢占市场先机，无疑应当成为服务企业考虑的重要战略问题。

（三）服务品牌化的特殊性与挑战

在国家大力发展服务业的背景下，通过增强服务企业的品牌竞争力来提升整个国家的竞争力无疑是一条有效途径。需要指出的是，服务有着不同于产品的特点。具体而言，服务的特殊性表现为以下特征：（1）无形性：服务是一种绩效或行动，而不是实物，所以，我们不能像感知有形商品那样来看到、感觉或触摸服务。（2）同时性：服务的生产与消费同时进行，因而服务不能贮存。（3）异质性：由于服务的过程性和很大程度上依赖于人的行为，尤其是依赖顾客与服务提供者之间的交互作用，因此服务质量的稳定性成为一个难题。（4）易逝性：绝大多数服务无法在消费之前生产与储存，这就是服务的易逝性。服务的上述特征决定了服务品牌的内涵与产品品牌的内涵有所不同。

中国加入世贸组织后，随着我国服务市场的进一步开放，麦当劳、肯德基、沃尔玛、家乐福、麦肯锡等西方服务品牌蜂拥而来，国内的服务企业面临着生存和发展的严峻挑战。与产品品牌相比，无论从理论上还是实践中，对服务品牌的关注都相对滞后。同时，品牌研究也主要集中在制造领域，对服务品牌的研究成果有限。为此，在品牌竞争力的研究成果的基础上，结合服务的特点，深入探讨服务品牌竞争力的形成机理，为服务企业寻求提高竞争力的策略和途径，就具有比较重要的研究意义。

二、研究视角的界定与研究问题

(一) 研究视角的界定

品牌竞争力的研究视角通常是单一视角，或者是企业视角，或者是消费者视角，采取整合视角的研究较少。而品牌本身就是一个整合的视角。品牌的价值在于它对生产者和消费者都有价值，品牌为企业和顾客共同拥有。另外，服务的特征决定了服务的价值创造是由生产者和消费者共同进行的过程，所以有必要从整合的视角探究服务品牌的形成。因此，本书采取整合的视角和品牌本体论的研究视角。

所谓"本体论"，在西方哲学中是指关于存在及其本质和规律的学说，在中国哲学中是指探究天地万物产生、存在及发展变化的根本原因和根本依据的学说。由此出发，本书概括"品牌本体论"的定义如下：品牌本体论是指将品牌当作自身的本质及存在和发展的根本原因与根本依据的理论。

(二) 研究问题

基于前述研究背景和选取的研究视角，本书研究问题聚焦于品牌竞争力的形成机理，研究对象涵盖了制造品牌和服务品牌。具体而言，主要提出并研究了以下三个问题：

1. 品牌竞争力本源来自哪里？

本书尝试从哲学层面即品牌本体论的研究视角展开对品牌本质的深入思考，从而为品牌竞争力形成机理的研究提供一个整合的微观视角。

2. 品牌竞争力的关键影响因素有哪些？

通过文献研究梳理归纳了品牌竞争力的影响因素，发现制造业品牌的研究视角多为企业视角；服务品牌的研究视角主要是顾客视角。本书尝试整合企业视角和顾客视角，探寻制造业品牌竞争力的关键影响因素；从品牌本体论视角探寻服务品牌竞争力的本体来源构成。

3. 品牌竞争力是如何形成的？

从品牌竞争力的前置影响因素到形成品牌竞争力，这个逻辑链条就是品牌竞争力的形成机理。本书运用调查法、通过两个专题研究，提出制造业品牌竞争力形成的两种机制；基于服务品牌竞争力本体来源构成的分析，运用实证研究方法构建了服务品牌竞争力形成机理模型。

（三）研究意义

1. 理论意义

第一，为品牌竞争力形成机理的研究提供新视角。本书尝试从哲学层面展开对品牌本质的深入思考，从而为品牌竞争力形成机理的研究提供了一个新的整合视角。

第二，拓展了品牌竞争力的研究范围。已有的品牌竞争力的研究成果大多集中于制造业领域的产品品牌和企业品牌，对服务品牌的研究成果有限。对于服务品牌竞争力形成机理的研究能够丰富品牌竞争力的研究内容。

第三，丰富品牌竞争力形成机理的实证研究。目前，关于品牌竞争力形成机理的实证研究极其有限，本书对于山东省国有企业品牌和装备制造品牌的两个专题研究，以及对酒店和银行服务品牌竞争力形成机理的实证研究，丰富了品牌竞争力形成机理的实证研究成果。

2. 实践意义

随着我国经济社会迈向高质量发展阶段，代表优质产品和服务水平的强势品牌日益受到消费者的青睐，从而帮助企业在市场竞争中赢得竞争优势和持续发展。本书的研究结论对企业的品牌化运营具有重要的现实意义。

第一，增强经营者和管理者的品牌意识，科学运用品牌战略赢得企业的持续发展。从宏观上看，品牌是一国竞争力的综合体现，一个国家经济崛起的过程就是质量升级、品牌壮大的过程。习近平总书记强调，"推动中国制造向中国创造转变、中国速度向中国质量转变、中国产品向中国品牌转变"，彰显了品牌建设在促进我国经济社会发展中的引领作用。从微观上看，从中国产品到中国品牌，是中国企业必须完成的跨越。由于商品的极大丰富和生产技术的提高，企业打造出的优质产品不一定能在市场竞争中获取优势，还必须通过品牌传播打造品牌知名度，围绕品牌资产积累进行品牌创建活动。长期以来，我国大多数企业都是依靠价格竞争参与市场竞争，力图通过降低价格赢得客户。培育品牌竞争力则要求企业从价格竞争转向价值竞争，通过创新性产品、独特风格、优秀设计、产品可靠性、优质购物体验等提升顾客的感知质量，建立品牌忠诚。品牌不仅仅是短期的营销工具，更是企业保持长期竞争优势的战略工具。在产品同质化越来越严重的今天，强势品牌是企业获得生存和发展的重要保证，也是企业最重要的无形资产。竞争力强大的品牌才能既帮助企业赢得今天，又能帮企业赢得未来。

第二，为企业寻求提高品牌竞争力的策略和途径提供理论指导。尤其是服务业，品牌在服务市场竞争中尚未充分发挥其应有的作用。造成这种现象的原因，既有服务经营管理者对服务品牌价值认识不足和重视不够的原因，同时也与服务品牌研究相对滞后有关。由于服务的无形性、生产与消费同时进行等特征，品牌建设对于服务企业尤其必要。首先，服务的无形性使得消费者难以对服务产品进行客观和准确的判断，企业需要借助品牌名称、标识或服务环境以及服务设施等将服务有形化；其次，由于服务具有较少的可搜寻属性，顾客在购买前面临较大的风险，与实体产品相比，品牌在降低顾客服务消费的风险方面发挥更大的作用；最后，服务产品的创意缺乏法律保护，好的服务设计容易被模仿，服务企业需要寻求新的差别化途径，而品牌是差别化的有效途径。清楚服务品牌竞争力的形成机理，系统认识影响服务品牌竞争力的各种因素，服务企业就可以结合自身实际，采取更有针对性的品牌策略开展服务市场竞争，寻找到促进服务品牌成长的有效途径。

第二节　基本概念界定

一、品牌竞争力

品牌竞争力是一个直观而又复杂的概念，关于品牌竞争力的定义目前还没有统一的说法。研究者们分别从企业、消费者、品牌自身以及综合两个或三个方面的角度，给出品牌竞争力的表述。美国品牌专家 Aaker（1996）从企业角度指出：品牌竞争力是在一定的市场环境中，企业拥有的塑造强势品牌并支持强势品牌持久发展的能力①。这种能力是企业在长期的品牌管理实践中逐渐积累，并整合企业品牌管理中各项技能而形成。菲利普·科特勒和阿姆斯特朗（2002）从品牌角度指出：品牌的本质是企业与消费者之间的无形契约。契约的一方是企业，另一方是消费者，企业以对产品或服务的质量等项目做出商业承诺为内容，消费者以向企业支付"品牌溢价"为砝码，他们之间形成了一种"对等的"市场交换关系。这种契约的深入就形成了品牌竞争力②。从企业和消费者关系的角度，许基南（2005）认为，品牌竞争力是指企业通过对资源的有效配置和使用，使其品牌比竞争对手的品牌更好地满足消费者的需求，从而在扩大市场份额、获取高额利润方面与竞争品牌在市场竞争力中产生足以比较的能力③。季六祥（2002）则从综合角度对品牌竞争力作了广义和狭义之分，他指出，品牌竞争力广义上涵盖企业、产业、区域、国家或国际层面的竞争力，狭义上是指品牌在竞争性市场中所具有的能够持续地比其他品牌更有效地获得市场认同与支持的整体形象特质，也可称之为企业形象的整体竞争力，即以企业形象为核心，关于企业战略、管理模式、技术路线、企业文化及信息化支持等形象要素的有效整合④。

　　分析这些关于品牌竞争力定义的表述，发现它们指出了品牌竞争力的以下特征：（1）综合性或整合性。品牌竞争力综合表现了企业内部的各项竞争能力，是企业围绕品牌有效配置和利用资源的结果。（2）比较性。品牌竞争力是在市场竞争中与竞争对手的品牌相比较而形成的。（3）市场表现性或价值性。有竞争力的品牌在市场上体现为能更好地满足消费者的需求，有着被顾客看重的价值；能为企业创造长期的竞争主动权，能给企业带来高出行业平均利润率水平的超额利润。（4）动态性。由于企业内部条件和市场竞争环

---

① 阿克. 创建强势品牌 [M]. 李兆丰，译. 北京：机械工业出版社，2012：283.
② 科特勒，阿姆斯特朗. 市场营销原理 [M]. 何志毅，等，译. 北京：机械工业出版社，2006：186-187.
③ 许基南. 品牌竞争力研究 [M]. 北京：经济管理出版社，2005：20.
④ 季六祥. 我国品牌竞争力的弱势成因及治理 [J]. 财贸经济，2002（7）：58.

境处于变动之中，因此品牌竞争力的强弱也不是绝对持久的，会随着市场结构和竞争行为的变化而变化。

综上分析，由于本书的研究对象主要处于企业层面，因此本书借鉴张世贤（2007）和许基南（2005）的定义，从微观的企业和消费者关系的角度界定品牌竞争力如下：

品牌竞争力是企业综合竞争力的表现，是指企业围绕品牌进行资源的有效配置和使用，使其品牌比竞争对手的品牌创造更大的顾客价值而赢得消费者的支持，进而在扩大市场份额、获取高额利润方面与竞争品牌在市场竞争中产生明显表现力。

二、服务品牌

西方关于服务品牌的理论与实践大体始于 20 世纪 70 年代末，其主要动因来自西方国家政府对服务业放松管制后带来的市场竞争的激化（范秀成，2001）。理论的发展既需要实践的推动也要有一个相关知识积累的过程，因此，关于服务品牌的很多研究借鉴已经相对成熟的产品品牌理论与模型开展，明确提出服务品牌定义的研究很少。但是，很多学者还是从服务的特征出发，对服务品牌与产品品牌的差异进行探讨，并归纳出服务品牌的若干特点。

Onkvisit 和 Shaw（1989）提出服务品牌具有内容与品牌两大层次，不同的服务内容有着不同的品牌[①]。从涵盖的服务内容出发，国内学者陈祝平（2001）指出，服务品牌是指服务机构或其服务部门、服务岗位、服务人员、服务生产线、服务活动、服务环境、服务设施、服务工具乃至服务对象的名称或其他标识符号，是一个涵盖很广的概念[②]。周志民（2008）认为，所谓服务品牌，是指消费者对服务有形部分的感知和服务过程体验的总和[③]。可以看出，陈祝平是从服务企业角度界定服务品牌的内容，周志民给出的服务品

---

① ONKVISIT S. SHAW J J. The International Dimension of Branding：Strategic Considerations and Decisions ［J］. International Marketing Review, 1989, 6（3）：22-34.

② 陈祝平. 服务营销管理 ［M］. 北京：电子工业出版社，2008：230-234.

③ 周志民. 品牌管理 ［M］. 天津：南开大学出版社，2008：371.

牌定义则是基于服务产品的内容。

英国学者 De Chernatony 等（1999）对金融服务的研究表明，尽管"以公司为品牌"的概念可以同时用于服务与产品中，但用于服务中似乎更为有效。其原因在于：与产品相比，服务具有较强的无形性，顾客不可能知晓复杂的服务品牌的技术细节，也不可能区分不同的替代物，他们往往把公司品牌（强有力的识别和名声）作为区分不同服务品牌的方式和手段。也就是说，对于有形的产品，产品（品牌）是基础的品牌；对于无形的服务，公司（品牌）本身是基础的品牌。服务品牌在很大程度上指的是公司本身的品牌。

基于上述分析，本书研究的服务品牌是指服务企业品牌而不是服务产品品牌，定义如下：服务品牌是指将服务供应商与其竞争对手区别开来的，涵盖服务机构或其服务部门、服务岗位、服务人员、服务生产线、服务活动、服务环境、服务设施、服务工具乃至服务对象等内容的被市场认可的标识。

三、服务品牌竞争力

在上述品牌竞争力和服务品牌的定义基础上，界定服务品牌竞争力如下：服务品牌竞争力是服务企业综合竞争力的表现，是指服务企业围绕品牌进行资源的有效配置和使用，使其品牌比竞争对手的品牌创造更大的顾客价值而赢得消费者的支持，进而在扩大市场份额、获取高额利润方面与竞争品牌在市场竞争中产生明显的表现力。

第三节　研究方法与研究内容

一、研究方法

本书采用了哲学方法和科学方法相结合、规范分析与实证分析相结合、定性研究与定量研究相结合的研究方法。具体如下：

（一）运用哲学思辨方法提出品牌本体论模型。

在对品牌文献研究的基础上，引入本体论哲学的观点，并借鉴张林先在对关于公司管理哲学的思考基础上提出的相变模型假说（张林先，2006），提出"三相一体"的品牌本体论模型，既整合了品牌竞争力研究的企业视角和顾客视角，又体现了服务经济时代价值"共同创造"的逻辑。

（二）通过规范分析构建品牌竞争力的形成机理模型。

以企业竞争力和品牌资产的文献研究为基础，采取整合视角和生态视角得出制造品牌竞争力的形成机理理论框架；同时，结合服务品牌的特征分析和服务品牌的本体论视角竞争力来源要素的构成分析，通过理论演绎，构成服务品牌竞争力形成机理的理论框架。

（三）运用实证分析验证服务品牌竞争力形成机理的理论框架。

一方面，运用定性评价方法和探索性因子分析的统计方法对服务品牌竞争力本体来源要素的构成进行验证；另一方面，运用社会调查的问卷调查法收集数据，使用统计分析软件运用相关分析、验证性因子分析、结构方程等方法对数据进行定量分析，得到实证分析结果，对服务品牌竞争力形成机理的理论模型进行实证检验。

二、研究内容与研究框架图

本书共包括七章。

第一章：导论

简要阐述了品牌竞争力选题的研究背景，明确了研究对象和范围，凝练了研究问题，界定了基本概念，并介绍了研究方法和研究框架。

第二章：品牌本体论分析

梳理了品牌的内涵及其演变，分析了品牌竞争主体的属性以及对应的本体特征，提出了品牌本体论的"三相一体"模型。

第三章：品牌竞争力及其形成机理

对企业竞争力和品牌竞争力进行了文献研究，归纳了品牌竞争力的影响因素，分别从整合视角和生态视角，构建了品牌竞争力形成机理模型，探讨了品牌竞争力形成机制。

第四章：制造品牌竞争力提升路径与对策——以山东省企业为例

运用调查法，开展主要以制造品牌为研究对象的专题研究。

专题一是"山东省国有企业品牌竞争力提升路径研究"。回顾了山东省国有企业品牌发展历程，调查分析了山东省国有企业品牌建设现状以及存在的问题，根据品牌竞争力形成机理理论，给出了山东省国有企业品牌培育对策。专题二是"山东省装备制造品牌升级研究"。讨论了装备制造业打造品牌的必要性和重要性，调查分析了山东省装备制造企业品牌经营情况，探讨了山东省装备制造品牌在国内和国际两个市场的升级方式。

第五章：服务品牌与服务品牌竞争力影响因素

首先从服务品牌与产品品牌的差异、服务品牌理论研究模型及其驱动因素两个方面展开文献综述；然后，基于本书构建的品牌本体特征模型，探索分析了服务品牌竞争力的影响因素。

第六章：服务品牌竞争力形成机理模型与研究假设

借鉴品牌竞争力形成的"源流"说，初步构成服务品牌竞争力形成机理的逻辑框架；然后，结合服务品牌文献回顾，详细阐述了从服务品牌差异化优势到服务品牌的顾客感知价值优势，进而形成服务品牌竞争力的作用机理，构建了服务品牌竞争力形成机理的概念模型，并提出一系列相关的研究假设。

第七章：服务品牌竞争力形成机理的实证研究

首先进行了量表开发、问卷设计等实证研究设计；然后，选取零售银行服务品牌和酒店服务品牌为调研对象，采用结构方程模型来评价研究模型和检验理论假设；最后，得出服务品牌竞争力形成机理的若干研究结论，对服务企业培育和提升品牌竞争力提出了相应的对策建议。

本书的研究框架图如图 1-1 所示。

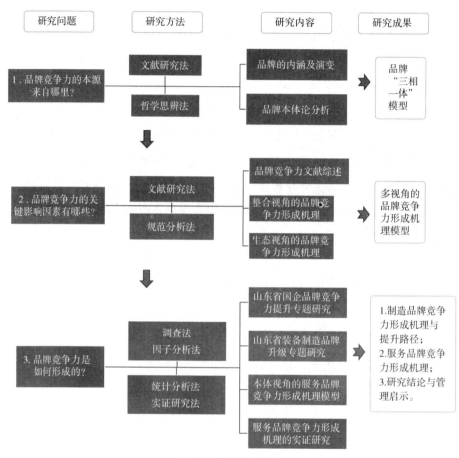

图 1-1　研究框架图

三、创新点

本书的创新之处在于以下三个方面：

1. 从本体论视角提出了品牌"三相一体"模型，扩展了对品牌本质的认识。

2. 从企业和顾客的整合视角、生态视角、本体论视角等多视角探索了品牌竞争力的形成机理。

3. 应用品牌本体特征模型，构建了服务品牌竞争力形成机理的研究模型并进行了实证检验。

第二章

品牌本体论分析

第一节　品牌的内涵

一、品牌内涵的演变

从现代品牌诞生的 20 世纪 50 年代算起，品牌的内涵呈现出从物化到人格化的演变轨迹，品牌的主体属性也渐次发展出来。

根据研究者对品牌理论演进中的标志性"足印"① 的追踪溯源，品牌的内涵主要经历了下列发展阶段：

第一阶段，"标识论"的品牌。品牌最原始的含义是产品的标识。英文的"品牌"一词"brand"就是烙印的意思。可以说，品牌的产生是基于它对产品的标志功能。美国市场营销协会（American Marketing Association，简称 AMA）关于品牌的定义就体现了这种思路。1960 年，AMA 在《营销术语词典》中指出，品牌是一种名称、术语、标记、符号或设计，或是它们的组合运用，其目的是借以辨认某个销售者或某群销售者的产品或服务，并与之同竞争对手的产品和服务区别开来②。至今，这仍然是多数学者认同和被引用最

---

① 卢泰宏等. 品牌理论里程碑探析 [J]. 外国经济与管理，2009（1）：32.
② 科特勒，凯勒. 营销管理 [M]. 北京：清华大学出版社，2017：122.

多的一个品牌定义。这一定义说明了品牌包含的要素以及品牌在市场中的功能，其核心思想是：品牌是区分商品的标志。引申而来的思想是，品牌为人们选择商品或服务提供价值担保或质量保证。

第二阶段，"形象论"或"象征论"的品牌。早在 1955 年，美国著名广告策划人奥格威（David Ogilvy）就提出了品牌形象理论，认为"品牌是一种错综复杂的象征。它是产品（或服务）的属性、名称、包装、价格、历史、声誉、广告风格的无形组合。品牌同时也因消费者对其使用印象及自身的经验而有所界定"。与此同时，Gardner 和 Levy（1955）发表的第一篇专业性品牌论文《产品与品牌》也提出了情感性品牌和品牌个性思想。这一阶段品牌的内涵突破了产品的范围，开始具有社会表征意义。基于消费者对品牌的心智解释，品牌象征着一种个性、形象、身份和地位。

第三阶段，"资产论"的品牌。在 20 世纪 80 年代以来频频发生的公司并购浪潮中，强势的品牌以数十倍于其有形资产的价格出售，再加上频繁的价格战等市场压力因素，使得公司更加重视品牌的市值和增值，从而促使学术界提出了品牌资产的理论概念（卢泰宏，2009）。Aaker（1991）认为，品牌资产是与品牌、名称、标识、符号等相关联的一系列资产或负债，它可能增加或减少相应产品或服务对公司和顾客的价值。Keller（1993 和 1998）从顾客的视角来定义品牌资产，认为品牌资产的本质是由顾客的既有品牌知识所导致的顾客对品牌营销活动的差异化反应。尽管学者们对于品牌资产进行定义的视角和侧重点有所不同，但他们理解品牌资产的视角不外乎三个，即基于顾客的品牌资产、基于市场效果的品牌资产和基于金融市场产出效果的品牌资产。品牌开始上升为公司战略要素，并开始超越产品和企业，在市场竞争中显现独立作用。

第四阶段，"关系论"的品牌。20 世纪 90 年代以来，伴随着服务经济的兴起，关系营销作为一种区别于传统交易营销的新型营销范式，开始受到学术界和实务界的重视。关系营销概念被运用到品牌层面，就形成了品牌理论研究的前沿——品牌关系。早期的研究认为品牌关系即品牌与顾客之间的关系，Fournier（1998）开创性地采用隐喻的方法，将品牌和顾客之间的关系类比为社会人际交往中的 15 种关系模式，包括包办婚姻、临时朋友、权宜婚姻、专一伙伴、最佳友谊、有区别的友谊、血缘关系、回弹关系、儿时友谊、求爱关系、依赖关系、放纵关系、敌意关系、奴役关系和私密交易。后来的研究则发现品牌关系是一个多维概念。以品牌关系的实践形式——品牌社区为例，品牌社区中的品牌关系就包含了顾客与品牌、顾客与产品、顾客与顾客、顾客与企业四对主体之间的关系（Mc Alexander，2002）。这一阶段的品牌更像一个虚拟的人。品牌不仅有形象、个性，还像人一样具有一定的行为能力并能与人进行各种互动。例如，在品牌社区的形成过程中，品牌实际上起到了"隐形组织者"的作用。

需要指出的是，品牌内涵发展阶段的划分只是研究的需要。实际上，品牌诞生之初就具备了作为产品记号、市场信号和文化符号的属性，这些潜在的品牌属性随着社会经济的发展和人们的品牌实践活动，逐渐显现、丰满起来。

二、品牌成为竞争主体

品牌在市场竞争中所扮演的角色和地位有一个演变的过程。企业在有意识地加强品牌建设过程中，不断赋予品牌新的、富有时代意义的内涵，使品牌所扮演的角色由最早的"竞争区别物"逐渐演变成为"竞争手段""竞争要素"，直至当前，品牌已经成为市场"竞争主体"（演变过程如图 2-1 所示）

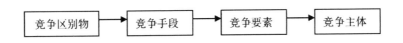

图 2-1 品牌角色的演变过程①

品牌内涵伴随着品牌的角色演变，在不同的阶段拥有不同的内容，后阶

---

① 胡大立，谌飞龙，吴群. 品牌竞争力的内涵及其源流分析［J］. 经济问题探索，2005（10）：28-31.

段是对前阶段内容的包含，并在前阶段的基础上增添了新的内容。在"竞争区别物"阶段，品牌就是附着在产品实体上的名称、符号与标志；在"竞争手段"阶段，品牌成了企业向目标市场传递企业、产品等信息的载体和对消费者的承诺；在"竞争要素"阶段，品牌是富有价值的资产；在"竞争主体"阶段，品牌成为市场竞争的主体，这时的品牌涵盖了前一阶段的全部内容，同时还增添了与品牌有关的所有因素，包括品牌背后的企业经营观、价值观等观念形态以及经营行为的总和（胡大立等，2005）。

在品牌成为市场竞争主体的今天，品牌已经发展成为同时具有物质性、社会性和意识性三层次主体属性的人格化的品牌。从品牌内涵的发展阶段来看，"标识论"的品牌凸显的是品牌的物质性；"形象论"或"象征论"的品牌以及"关系论"的品牌凸显了品牌的社会性；"资产论"的品牌和"关系论"的品牌则凸显了品牌的意识性。品牌地位的上升以及品牌主体属性的完整发展，为"品牌是什么"这一古老而根本且常问常新的问题提供了最新的解答，这就是品牌本体论。

第二节　品牌本体特征模型

一、品牌本体论的含义

所谓"本体论"，在西方哲学中是指关于存在及其本质和规律的学说，在中国哲学中是指探究天地万物产生、存在及发展变化的根本原因和根本依据的学说。由此出发，本书概括"品牌本体论"的定义如下：品牌本体论是指将品牌当作自身的本质及存在和发展的根本原因和根本依据的理论。

成为竞争主体的品牌拥有了更为丰富而复杂的本体特征。从目前检索到的品牌文献来看，关于品牌本体特征的认识大致有两种观点。一种是物质本体论，以西方学者为代表，如 Grassi（1999）认为品牌的本体是产品①；一种是精神或文化本体论，以国内学者为代表，如王新新和蒋璟萍。王新新教授较早提出了"品牌本体论"。他认为，特定的文化意义成为品牌的内涵，品牌是文化意义的表征或符号，实体产品是作为特定意义的物质载体②。在此基础上，蒋璟萍做出进一步的阐述：品牌成了一种精神文化的符号，它本身就是主体，而且它是可以超越产品和企业的精神文化实体。她认为，作为最新的发展，"品牌本体论"是对品牌的一种新的认识和理解，是对品牌概念及其地位的一种新的诠释，它使人们对品牌的研究由一般的管理学上升到管理哲学的高度③。

本书认同蒋璟萍从哲学层面对品牌本体论的定位，但认为上述两种品牌本体论观点有一定的片面性。品牌的物质本体论片面强调了产品的基础作用。品牌建设的实践使品牌远远超出了产品的范围，扩展到企业、地区和国家的范围，从商业领域延伸到非营利组织和社会管理领域，如慈善组织品牌和城市品牌等。另一方面，精神或文化本体论的品牌虽然抓住了品牌的本质，但是脱离了品牌的物质基础，品牌的精神或文化意义难免成为无源之水、无本之木。因此，本研究认为，品牌本体论应将两种观点整合起来，品牌的本体特征既包括物质的内涵（品牌运营的基础和有形成果）也包括精神的或文化的内涵（品牌运营的累积成果和无形成果），而且，结合品牌的营销实践过程，品牌还是沟通和互动的动态存在。

二、品牌本体论的"三相一体"模型

基于品牌的主体属性，借鉴张林先的相变模型假说（张林先，2006），本书在此提出品牌本体论的"三相一体"模型。

相变模型假说是张林先提出的对公司管理问题进行哲学性思考的一个一

---

① GRASSI W. The Reality of Brands：Towards an Ontology of Marketing ［J］. American Journal of Economics and Sociology，1999，58（2）：313-358.
② 王新新. 品牌本体论 ［J］. 企业研究，2004（8）：25.
③ 蒋璟萍. 新经济时代的品牌理论：基于本体论视角的品牌竞争力研究 ［M］. 北京：中国社会科学出版社，2009：53.

般性方法。该假说认为，我们可以把将要研究的一个单位，如一个个体、一个概念或一个系统命名为"相"，则"相"分别在由原子（Atom）构成的物质世界（A世界）、由概念（Concept）构成的精神世界（C世界）以及由比特（Bit）构建的虚拟世界（B世界）中以三种不同的形态存在：即"具相""抽相"和"表相"。"具相"是指能够通过人体感知的属性集合；"抽相"是不能被感知，但能想象的属性集合；"表相"则是能够被解释的属性集合。"相"在ABC世界的这三种变化"具相""抽相"和"表相"就构成了"相之三变"。正如水有气态、液态和固态三种形态一样，只要在一个世界中定义了"相"，就可以在另外的世界中找到它的变体①。

如前所述，品牌所扮演的角色由最早的"竞争区别物"逐渐演变成为"竞争手段""竞争要素"，直至当前品牌已经成为市场"竞争主体"。品牌在市场竞争中演化而成的主体属性也包括三个层面：品牌的物质性、品牌的社会性和品牌的意识性或思维性。品牌的主体属性赋予了品牌具相、表相和抽相的本体特征。

品牌主体属性与品牌本体特征的逻辑关系如图2-2。

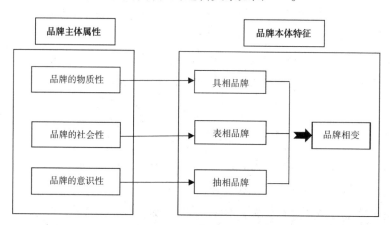

图2-2　品牌主体属性与品牌本体特征的逻辑关系

---

① 张林先. 公司管理的哲学 [M]. 北京：中国人民大学出版社，2006：25-45.

具相品牌是指品牌的物质载体，如产品质量特征、企业的技术水平和资本实力等物质形式。具相品牌构成品牌竞争力的物质来源基础。

表相品牌是指品牌整合信息的沟通行为，包括广告、宣传、促销等非人际沟通行为和人际沟通行为。表相品牌构成品牌建设的主要内容。

抽相品牌是指品牌理念和品牌价值观，包括品牌的核心价值主张、品牌愿景、品牌使命等。抽相品牌是品牌系统的灵魂，是构成品牌建设的核心内容。

品牌三相具有不同的运动特征。《周易》中曾指出事物的运动特征有三种：变易、简易和不易。变易是指事物经常处于变动之中，简易是指缓慢的、积累的变化，不易则是指基本不变的本质。从这个角度来看，表相品牌的运动特征是变易，具相品牌的运动特征是简易，抽相品牌的运动特征则是不易。

品牌三相对于品牌的系统发展发挥着不同的作用。抽相品牌要素起决定性的主导作用，具相品牌要素是起支撑作用的主体要素，表相品牌要素则发挥展示、描述和交流等的表现作用。品牌的健康成长离不开三相要素的协调发展，这就需要进行三相要素的创新，即品牌相变。

基于上述分析，本书提出如下的品牌"三相一体"模型（见图2-3）。

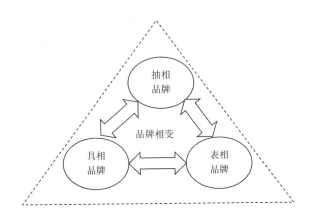

图2-3　品牌"三相一体"模型

第三章

品牌竞争力及其形成机理

从字面上就可以看出，品牌竞争力是一个与竞争力和品牌两者相关的研究范畴。竞争力是一个复杂的概念，迄今尚无公认的明确定义。尽管如此，近年来，对竞争力的研究却越来越引起经济界和管理界的广泛兴趣和重视，因为，经济全球化的发展使得没有哪个国家、哪个企业能够回避激烈市场竞争的挑战。竞争力研究的对象可以是国家、产业、企业等，因而有国家竞争力、产业竞争力、企业竞争力等不同的概念。在国际学术界，对国家竞争力的认识存在很大的分歧，有的学者甚至认为根本不存在国家竞争力，或者认为国家竞争力根本不具有现实重要性，是一个毫无意义的概念①。而对于企业竞争力，经济界和企业界则具有一致的意见，即认为企业竞争力对于企业的生存和发展具有决定性的意义，企业竞争力研究是一个值得高度重视的研究领域②。

与竞争力研究类似，品牌研究的对象也是范围广阔，可以是国家、产业、城市、企业等，因而有国家品牌、产业集群品牌、城市品牌、企业品牌等不同的概念。其中，对于产品品牌和企业品牌的关注和研究比较丰富。因此，品牌竞争力也是一个复杂的概念。鉴于企业在当代经济发展中的重要地位，我们把对品牌竞争力及其形成机理的探讨聚焦于企业范围内。

---

① 美国经济学家保罗·克鲁格曼说："对于一个国家的经济，竞争力是个毫无意义的词。偏执于竞争力不仅是错误的，而且是危险的。"（克鲁格曼. 流行的国际主义 [M]. 北京：中国人民大学出版社，2000.）
② 金碚. 论企业竞争力的性质 [J]. 中国工业经济，2001（10）：5.

第一节 企业竞争力与品牌竞争力

一、企业竞争力的内涵

关于企业竞争力的定义也是众说纷纭。1985 年，美国《产业竞争力总统委员会报告》认为，企业竞争力是指"在自由良好的市场条件下，企业能够在国际市场上提供好的产品、好的服务，同时又能提高本国人民生活水平的能力"。1994 年，世界经济论坛在其《国际竞争力研究报告》中，又把企业竞争力定义为"一个公司在世界市场上均衡地生产出比其他竞争对手更多的财富"。显然，这两个定义都从全球视野下考察企业竞争力，而且都是从企业经营的最终结果来界定竞争力的。著名的战略管理学家迈克尔·波特（Porter，1988）把企业竞争力归结或等同于竞争优势，认为"（企业）竞争优势归根结底来源于企业为客户创造的超过其成本的价值。价值是客户愿意支付的价钱，而超额价值产生于以低于对手的价格提供同等的效益，或者所提供的独特的效益补偿高价而有余。竞争优势有两种基本形式：成本领先和标歧立异"①。可以看出，波特教授主要是从企业竞争力或竞争优势的市场表现来理解和界定企业竞争力的。

国内学者金碚（2001）认为，企业竞争力是指在竞争性市场中，一个企业所具有的能够持续地比其他企业更有效地向市场（消费者、包括生产性消费者）提供产品或服务，并获得赢利和自身发展的综合素质②。《中国企业品牌竞争力指数系统》的开发课题组（2011）也认为，企业竞争力源于企业占有和运作资源的差异，是企业为在市场上取得竞争优势、保持竞争优势和扩

---

① 波特. 竞争优势 [M]. 北京：中国财政经济出版社，1988：2.
② 金碚. 论企业竞争力的性质 [J]. 中国工业经济，2001（10）：5.

大竞争优势，并获得盈利和自身发展的综合素质和条件①。这两个定义强调了企业竞争力的综合性，是从素质和资源角度来界定企业竞争力的。张志强、吴健中（1999）等人认为，企业竞争力是指独立经营的企业在市场经济环境中相对于其竞争对手所表现出来的生存能力和持续发展能力的综合，其核心是企业合理使用其生产要素的能力②。这一定义体现了企业竞争力的能力视角。

无论归结为表现成果，还是综合素质和能力，关于企业竞争力概念的理解，研究者都强调了以下几点：第一，企业竞争力是在开放的市场竞争中体现出来的，在垄断和封闭的市场中，谈不上企业竞争力。第二，企业竞争力是企业在与竞争对手的对抗较量过程中显现出的一种抗衡或超越竞争对手的力量。没有现实的或潜在的竞争对手，竞争力的概念和思维将不复存在。这意味着一个企业的竞争力，其强弱或大小，不仅仅取决于企业自身的状态，还与对手（潜在的和现实的）的状态高度相关，与总体竞争格局及竞争态势高度相关。第三，企业竞争体现在消费者价值（市场占有和消费者满意）和企业自身利益（盈利和发展）两个方面。而且，这两个方面实际上是密不可分的，从动态和长期的角度看，两者具有很大程度的同一性。第四，企业竞争力是企业所具有的综合性质，决定和影响企业竞争力的因素是非常多的，而且这些因素经常发生相互间的作用。所以，企业竞争力的各种因素都不是孤立存在的，它们总是作为一个整体且对企业的存在状态发生作用。

二、企业竞争力的源泉：企业竞争力理论的三大学派

关于企业竞争力的源泉，学术界主要围绕环境、资源及能力等因素来阐述各自的观点，并形成了相应的理论派别。

（一）重视环境因素的企业竞争力理论

重视环境的企业竞争力理论（又称"市场结构论"或"市场定位论"）

---

① 张世贤，杨世伟，赵宏大，等. 中国企业品牌竞争力指数系统理论与实践 [M]. 北京：经济管理出版社，2011：9.
② 张志强，吴健中. 企业竞争力及其评价 [J]. 管理现代化，1999（1）：24.

产生于 20 世纪 80 年代初，是由产业组织理论发展而来的。该理论从企业的外部即产业结构的角度进行分析，认为产业的市场结构对企业竞争力的状况起决定性的作用，企业应根据产业市场结构而不是企业内部条件来决定进入市场，以及进入市场的战略。

基于环境的企业竞争力理论的代表学者是美国哈佛商学院教授迈克尔·波特（Michael E. Porter），他的理论主要体现在《竞争战略》（1980）和《竞争优势》（1985）两本书中。波特提出，一个产业的竞争力状况由五个基本力量决定：潜在进入者的威胁、顾客议价能力、供应商议价能力、替代品的威胁、现有竞争者的威胁。这五种力量综合作用，使得不同产业或同一产业的不同阶段具有不同的竞争状态，从而决定了产业内企业的利润水平。根据产业竞争状态的不同，企业可以选择成本领先、差异化或集中化战略来经营企业。波特的竞争力理论进一步完善了企业竞争力理论的系统性，但是其理论缺陷也不容忽视。他过于强调企业外部环境的作用，只将企业自身作为一个"黑箱"来处理。而且，这种观点无法解释同样行业里不同企业盈利水平悬殊的现象。

（二）重视资源因素的企业竞争力理论

重视资源因素的企业竞争力理论一般称为企业竞争力的资源基础论。该派理论把企业看成是一组资源的集合体，侧重于从企业资源及其差异性出发来分析企业的竞争优势，认为企业最重要的超额利润源泉是企业具有的特殊性，而不是产业间的相互关系（Rumelt，1984）。这里所说的企业所具有的特殊性就是指企业所拥有的特殊资源。不同企业在资源及其积累方面的差异性决定了各自竞争力的差异性，企业内部资源及其积累是解释企业获得超额利润、保持竞争优势的关键。因而，资源基础论强调应主要从企业的资源出发而不是从市场位势出发，来理解和建立企业的竞争优势。

基于资源的企业竞争力理论的代表学者有 Wernerfelt（1984）、Penrose（1959）、Barney（1986）等。他们将探索竞争力来源的视角转移到企业层面，认为企业内部存在三种资源：第一类是有形资源，第二类是无形资源，第三类是与产品和工艺相关的知识资源。这些资源在企业间存在差异，资源方面的差异是造成企业获利能力不同的原因，也是决定企业竞争力差异的重要因素。如果企业拥有一致性、稀缺性、非常难于模仿和高效的专有资源，就拥有了竞争优势；企业拥有不断产生这种资源的内在动力，就可以保证企业较强竞争力的持续。

（三）重视能力因素的企业竞争力理论

重视能力因素的企业竞争力理论通常称为企业能力理论。与重视资源因素的企业竞争力理论一样，重视能力因素的企业竞争力理论也强调从企业内部因素出发来理解企业竞争力。二者的区别在于，重视资源因素的企业竞争力理论侧重于从企业的资源集合体性质出发，强调企业资源、资源积累及其差异性之于企业竞争力的关键意义；而重视能力因素的企业竞争力理论则倾向于将企业看成是一个能力体系，侧重于从资源之间的动态联系来理解企业竞争力，强调资源之间的结合与整合之于企业竞争力的关键意义。

这一学派在普拉哈拉德和汉默尔（Prahalad C K and Hamel G，1990）提出"核心能力"概念后开始全面发展，并逐步取代环境学派，成为20世纪90年代以来企业战略研究领域的新主流。普拉哈拉德和哈默尔将企业能力归结为企业的核心能力，并认为核心能力是指组织中的积累性学识，特别是关于如何协调不同的生产技能和有机结合多种技术流派的学识，是企业有机整合一组关键性技术和技能的独特知识和经验[①]。不难看出，普拉哈拉德和哈默尔侧重于从企业核心技术或技能方面来理解企业能力，可归结为基于技术的企业能力理论。除此之外，一些学者还从企业的组织或流程整合方面来考察企业能力问题，可分别归结为基于组织的企业能力理论和基于流程的企业能力理论两大学派。前者以美国经济与企业史学家钱德勒（Chandler，1991）和美国麻省理工学院的彼得·圣吉（1994）为代表，后者则以美国麻省理工学院的哈默和钱皮（Hammer & Champy，1993）等人为代表。

综上所述，这三大经典企业竞争力理论的片面性是显而易见的。环境论

---

① PRAHALAD C K, HAMEL G. The Core Competence of the Corporation [J]. Harvard Business Review, 1990, 68 (3)：79-91.

过分强调市场环境因素之于企业竞争力的意义，很大程度上忽视了企业内部因素（资源、能力等）之于企业竞争力的基础性作用；而资源基础论与企业能力理论虽然强调了企业内部因素之于企业竞争力的关键意义，但又矫枉过正，因忽视外部环境因素之于企业竞争力的重要影响而滑向另一个极端。因而这三种理论派别都无法全面、系统、深入地把握企业竞争力及其源泉。实际上，企业竞争力是一个基于企业资源、能力与环境因素的整合性概念，它既来源于企业内部的资源与能力因素，又来源于外部环境因素，是三者的综合效应。首先，资源与能力共同构成企业竞争力的内部源泉。资源与能力无法独立形成企业现实的竞争力，或者不能形成持久竞争力，二者有机结合起来才能形成企业现实而持久的竞争力。因为，一方面，就本身而言，资源几乎没有生产能力，是生产活动要求资源进行组合和协调；另一方面，企业能力是构建和确定资源组合的生产力，是将企业资源在行动上组合起来并引导它们为特定的生产目标服务的整合或组合能力①（福斯和克努森，1998），即企业把资源配置、整合在一起以实现理想状态的能力②（王永贵，2002），是企业资源之间以及企业与环境之间交互联系的能动机制③（田奋飞，2001）。其二，任何企业都总是在一定的环境中存在、运作和发展的，企业资源配置的本质不过是企业与其所处环境之间交互联系的动态过程。因此，企业资源与能力在真空中是无价值的，只有当抓住机会和抵御威胁时，才显得有价值④（Barry，1995），即企业的资源与能力优势只有与环境相联系才能形成企业现实的竞争力。同时，环境的变化有可能引起资源的惰性与能力的刚性⑤（邹国庆、于桂兰，2004），这就要求企业应能跟随环境的变化而及时进行资源与能力的积累与更新，以形成企业持续的竞争力。

---

① 尼古莱·J·福斯，克里斯第安·克努森. 企业万能：面向企业能力理论［M］. 大连：东北财经大学出版社，1998：158-159.

② 王永贵. 构筑21世纪企业动态竞争优势［M］. 北京：机械工业出版社，2002：49.

③ 田奋飞. 竞争优势与竞争力：基于资源与能力的逻辑分析［J］. 理论月刊，2001（6）：58.

④ BABIN B J, DARDEN W R. Consumer Self-regulation in a Retail Environment ［J］. Journal of Retailing，1995，71（1）：47-70.

⑤ 邹国庆，于桂兰. 企业竞争优势理论综述［J］. 经济学动态，2004（8）：106.

三、品牌竞争力相关研究综述

(一) 品牌竞争力的内涵

1. 品牌竞争力的定义

品牌竞争力是一个直观而又复杂的概念，关于品牌竞争力的定义目前还没有统一的说法，现将文献中提到较多的说法列举如下：

中国社科院的张世贤（1996）较早提出"品牌竞争力"的概念。他认为，品牌竞争力是企业综合竞争力的表现，任何单一的经营元素都不足以构成品牌竞争力。品牌竞争力的大小可以主要从市场占有率和超值创利能力两个方面进行量化分析①。

菲利普·科特勒和阿姆斯特朗（2002）指出：品牌的本质是企业与消费者之间的无形契约。契约的一方是企业，另一方是消费者，企业以对产品或服务的质量等项目做出商业承诺为内容，消费者以向企业支付"品牌溢价"为砝码，他们之间形成了一种"对等的"市场交换关系。这种契约的深入就形成了品牌竞争力②。

Aaker（1996）认为：品牌竞争力是在一定的市场环境中，企业拥有的塑造强势品牌并支持强势品牌持久发展的能力③。这种能力是企业在长期的品牌管理实践中逐渐积累，并整合企业品牌管理中各项技能而形成的。

邴红艳（2002）和许基南（2005）对品牌竞争力有类似的表述：品牌竞争力是指在竞争的环境中，企业为谋求长远发展，通过对自身可控资源的有效配置和利用，使自身品牌比竞争对手的品牌能更好地满足消费者的需求，从而在扩大市场份额、获取高额利润方面与竞争对手的品牌在市场竞争中产生较大的比较能力④。

---

① 张世贤. 论工业品品牌竞争力及其量化分析 [J]. 经济导刊, 1996 (5): 40-44.
② 科特勒, 阿姆斯特朗. 市场营销原理 [M]. 何志毅, 等, 译. 北京: 机械工业出版社, 2006: 186-187.
③ 阿克. 创建强势品牌 [M]. 北京: 机械工业出版社, 2012: 283.
④ 邴红艳. 品牌竞争力影响因素分析 [J]. 中国工程科学, 2002, 4 (5).

品牌策划人李光斗（2004）认为，品牌竞争力是企业的品牌拥有区别或领先于其他竞争对手的独特能力，能够在市场竞争中显示品牌内在的品质、技术、性能和完善服务，可引起消费者的品牌联想并促进其购买行为①。

季六祥（2002）从全球化视角提出品牌竞争力的广义和狭义的定义，他指出，品牌竞争力广义上涵盖企业、产业、区域、国家或国际层面的竞争力，狭义上是指品牌在竞争性市场中所具有的能够持续地比其他品牌更有效地获得市场认同与支持的整体形象特质，也可称之为企业形象的整体竞争力，即以企业形象为核心，关于企业战略、管理模式、技术路线、企业文化及信息化支持等形象要素的有效整合②。

综上可以看出，研究者们是从不同角度对品牌竞争力概念进行定义的，这些角度包括品牌、企业、消费者以及综合两个或三个方面的角度。不过，这些定义也存在共同之处，它们均指出了品牌竞争力的以下特性：（1）综合性或整合性。品牌竞争力综合表现了企业内部的各项竞争能力，是企业围绕品牌有效配置和利用资源的结果。（2）比较性。品牌竞争力是在市场竞争中与竞争对手的品牌相比较而形成的。（3）市场表现性或价值性。有竞争力的品牌在市场上体现为能更好地满足消费者的需求，有着被顾客看重的价值；能为企业创造长期的竞争主动权，能给企业带来高出行业平均利润率水平的超额利润。（4）动态性。由于企业内部条件和市场竞争环境处于变动之中，由此，基于上述三种特性的品牌竞争力具有动态特征。

（二）品牌竞争力的层次

国内有关学者对品牌竞争力层次做了相应的界定。季六祥（2002）从全球化视角提出，广义的品牌竞争力涵盖企业、产业、区域、国家或国际诸层面的竞争力。许基南（2005）认为，品牌竞争力可以表现为多层次的竞争力，大致可以区分为产品、企业、产业和国家四个层次的竞争力。张世贤等

---

① 张世贤，杨世伟，赵宏大，等. 中国企业品牌竞争力指数系统理论与实践［M］. 北京：经济管理出版社，2011：16.
② 季六祥. 一个全球化的品牌竞争力解析框架［J］. 财贸经济，2003（8）：87.

（2011）则把品牌竞争力分为产品层次、企业层次、产业层次和区域层次四个方面①。因为产品是品牌最根本的落脚点，本书从品牌实践和品牌研究的现状出发，认为品牌竞争力可以划分为产品层次、企业层次、产业层次、区域层次和国家层次五个方面的竞争力。

产品层次的品牌竞争力是指具体一种产品或劳务在不同企业的品牌之间产生的竞争差异②（许基南 2005），它是品牌竞争力最直接的体现，也是品牌竞争力最根本的落脚点。

企业层次的品牌竞争力是指在同一产业领域不同企业的品牌之间产生的竞争差异，其竞争范围可以在一个地区、一个国家范围内展开，也可以在全球范围内展开。企业作为品牌竞争力实现的主体，企业层次的品牌竞争力构成品牌竞争力的核心内容。本书研究的服务品牌竞争力就是企业层次的品牌竞争力。

产业层次的品牌竞争力是指在不同国家或同一国家不同地区之间在同一产业领域的品牌竞争差异。一般而言，不同国家或地区都有自己的相对优势的产业品牌和相对劣势的产业品牌，如谈到香水，就会想到法国；谈到机械，就会想到德国；谈到瓷器，就会想到中国。

区域层次的品牌竞争力是指以一个区域作为一个整体与其他区域之间的品牌竞争差异。区域的范围可以在一个国家内划分，也可以在全球范围内划分。区域品牌在某种程度上类似于企业或产业的"品牌伞"，如美国硅谷的高科技品牌。

国家层次的品牌竞争力是指以国家作为一个整体与他国之间的品牌竞争差异。国家层次的品牌竞争力涉及的是一国产品品牌竞争力和企业品牌竞争力的整体形象。从该层次来看，中国品牌竞争力在国际市场上仍处于相对劣势，但呈现出不断上升的趋势。

---

① 张世贤，杨世伟，赵宏大，李海鹏. 中国企业品牌竞争力指数系统理论与实践 ［M］. 北京：经济管理出版社，2011：17.

② 许基南. 品牌竞争力研究 ［M］. 北京：经济管理出版社，2005：21.

第二节 品牌竞争力的影响因素

研究品牌竞争力的目的在于探究如何增强企业的品牌竞争力。为了找到增强品牌竞争力的方法和路径，首先要找出影响品牌竞争力的因素，然后厘清这些因素与品牌竞争力形成的逻辑关系。影响品牌竞争力的因素是多种多样的，归纳起来，国内外研究者们对品牌竞争力影响因素的探讨大致可分为宏观和微观两个视角。

一、宏观视角的品牌竞争力影响因素

从宏观角度来分析的研究者代表有邝红艳、许基南与季六祥。邝红艳（2002）认为，影响品牌竞争力的因素不仅包括企业方面，也包括产业竞争性因素。企业因素包括技术要素、人力资源要素、文化要素、信息要素等。产业竞争性因素方面包括行业竞争力量和产业组织规模。此外，品牌活力和品牌优势等品牌自身因素也对品牌竞争力产生影响。而许基南（2005）的分析则更为全面，他将品牌置于产业环境、社会环境中进行研究，认为政府政策、产业因素、教育和文化水平都会对品牌竞争力产生很大的影响。季六祥（2003）将品牌竞争力分为广义品牌竞争力和狭义品牌竞争力两种，将企业系统中关于企业形象、企业战略、管理模式、技术路线、企业文化、企业信息化等因素归结为狭义品牌竞争的影响因素。而将以上六个因素以及产业品牌竞争力、区域品牌竞争力、国家品牌竞争力、一国经济社会环境支持的次生态圈效应、全球化大生态圈效应等归结为广义品牌竞争的影响因素①。

---

① 季六祥. 一个全球化的品牌竞争力解析框架 [J]. 财贸经济, 2003 (08)：87-91.

二、微观视角的品牌竞争力影响因素

很多研究者是从微观角度，主要是企业的角度归纳出品牌竞争力的影响因素。

美国著名的品牌研究专家凯勒教授（Keller，1993、1998）认为品牌的顾客价值优势导致的品牌忠诚是品牌权益最直接的表现，它是品牌竞争力的基础，也是为企业带来超额收益和为企业创造财务价值的前提条件①。

余明阳和刘春章（2006）认为品牌竞争力主要包括品牌价值力、品牌创新力、品牌品控力、品牌营销力和品牌传播力②。这其中，品牌价值力即品牌资产，是指品牌知名度、品牌性格、品牌忠诚等。品牌创新力指创新环境、创新团队、创新资金、创新产品的市场适应性、研发转化为市场的能力。品牌品控力是指企业对制造的基础资源、原材料、质量、工艺、流程的驾驭，即对品牌质量保证的能力。品牌营销力主要指包括网络（渠道）、终端、产品定位与市场定位（价格）、营销人员和营销体制，即能将品牌产品通过一定渠道，借助一定终端、销售给特定的消费者的能力。品牌传播力主要指包括品牌性格、品牌文化、美誉度、定位度、知名度和忠诚度为核心的、针对消费受众的、有效的品牌传播。

胡大立和谌飞龙（2005）将品牌竞争力的影响因素归纳为基础要素、构成要素、支持要素和强化要素四类。基础要素是指产品的价格、品质、性能、品种、规格、设计、包装、寿命等。构成要素是指品牌名称、商标、术语等。支持要素主要指经营能力、资金实力、人力资源、商业环境和制造技术。强化要素是指公共关系、通路、广告、售后服务、营业推广等③。

---

① Keller K L. Conceptualizing, Measuring, and Managing Customer-Based Brand Equity [J]. Journal of Marketing, 1993, 57: 1-22.
② 余明阳, 刘春章. 品牌竞争力的理论综述及因子分析 [J]. 市场营销导刊, 2006 (6): 44-47.
③ 胡大立, 谌飞龙, 吴群. 品牌竞争力的生成及其贡献要素优势转化机制分析 [J]. 科技进步与对策, 2005 (07): 82.

施鹏丽和韩福荣（2008）则认为品牌竞争力包括品牌市场力、品牌创新力、品牌文化力和品牌领导力。其中，品牌市场力主要包含了品牌的市场占有能力、创利能力、持久发展能力。品牌创新力主要指技术（产品）创新能力、战略的创新能力。品牌文化力主要是经营观、价值观、审美观等观念。品牌领导力指的是享受销售的优先权①。

项银仕（2008）认为品牌竞争力影响因素主要包括资源性要素、附加性要素、核心性要素和本质性要素。资源性要素包含技术创新、人力资源、财力资源等。附加性要素包括商标、装潢、说明、广告、信誉。核心性要素主要包含产品特性、价格、质量、服务和交付等。本质性要素包括品牌文化、品牌战略方针以及企业创新和学习能力②。

蒋璟萍（2009）认为品牌竞争力的影响因素分为基础因素（物质竞争力）、目标因素（市场竞争力）和主导因素（文化竞争力）。基础因素是指物质竞争力的技术、质量、品牌差异性。主导因素是指文化竞争力的品牌理念、品牌形象、品牌个性。目标因素是指市场竞争力的品牌优势、品牌营销以及品牌忠诚度。

张世贤等（2011）将影响品牌竞争力各类因素归纳如图 3-1 所示。

---

① 施鹏丽，韩福荣. 品牌竞争力的 DNA 模型解析 ［J］. 北京工业大学学报（社会科学版），2008（01）：23-27.

② 项银仕. 伊利品牌竞争力分析 ［J］. 南京财经大学学报，2008（03）：75-78.

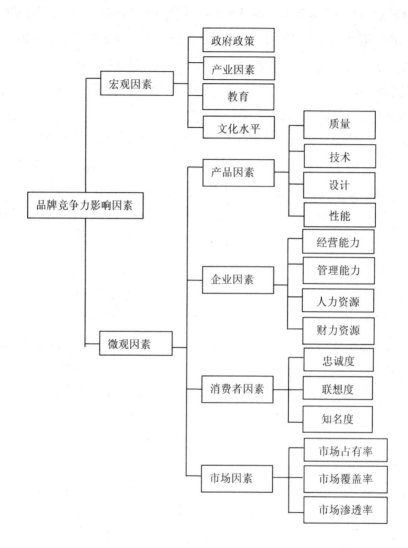

图 3-1　品牌竞争力的影响因素

第三节　多视角的品牌竞争力形成机理

如上所述，品牌竞争力的影响因素众多。那么，哪些是主要因素，哪些是次要因素？这些因素之间的关系是怎样的？这些因素与品牌竞争力形成的逻辑关系又是什么？对这一系列问题的解答就构成了品牌竞争力形成机理的理论。

一、品牌竞争力形成机理文献综述

关于品牌竞争力的形成机理，研究成果较少。有限的研究大多认同企业在品牌竞争力形成过程中发挥主导作用。主要观点如下：

许基南（2005）根据品牌竞争力的来源分析了品牌竞争力形成的机理。他把品牌竞争力的来源分为内部来源和外部来源。[①] 内部来源包括市场来源和产品来源，外部来源包括产业、政府政策、教育和文化以及战略联盟（图3-2）。

许基南进而提出了品牌竞争力的逻辑模型，即"品牌资产×品牌环境×竞争力过程=品牌竞争力"。根据这一模型，表明品牌竞争力是某一企业的品牌竞争资产、品牌环境和竞争力过程的整合与统一。竞争力过程是品牌竞争资产和品牌环境转化为竞争力的过程，包括企业的业务过程和管理过程。品牌竞争力是在企业生产经营的动态过程中形成的。

蒋璟萍（2009）根据本体论的视角，指出品牌竞争力的静态结构为"物质竞争力+文化竞争力+市场竞争力"。[②] 物质竞争力与文化竞争力的增强，都有可能带来市场竞争力的提升，物质竞争力与文化竞争力只有转化为市场竞

[①] 许基南. 品牌竞争力研究 [M]. 北京：经济管理出版社，2005：89.

[②] 蒋璟萍. 新经济时代的品牌理论：基于本体论视角的品牌竞争力研究 [M]. 北京：中国社会科学出版社，2009：57.

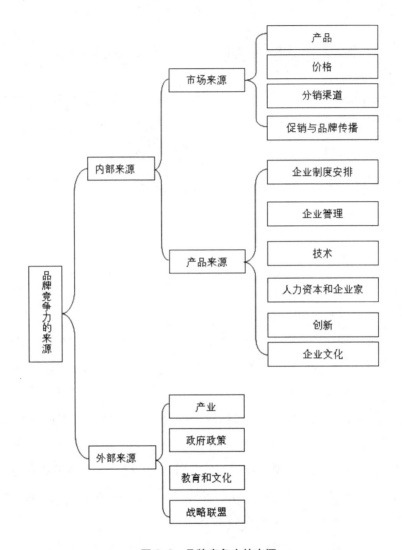

图 3-2　品牌竞争力的来源

争力，才能成为现实的品牌竞争力。以物质竞争力为基础、以文化竞争力为主导而带动品牌的发展。蒋璟萍还从动态的角度分析了品牌竞争力的形成和发展过程，即从创建、成长到超越的过程表现为品牌生命周期。

王琦和余明阳（2007）认为品牌竞争力的形成是主客体双方相互影响、

相互制约的结果。企业作为品牌经营的主体，借助产品、媒体、销售等渠道，通过顾客需求挖掘，同时市场定位分析、营销渠道建设、品牌传播等管理活动可能影响顾客的认知和购买选择。而顾客作为品牌经营的客体，对企业所传达的品牌知识进行过滤，并结合自身的知识结构、消费体验以及社会属性最终形成顾客的品牌心理认知。如果主客体双方的互动是良性且有效的，那么顾客的购买行为就会明显倾向于某品牌，该品牌也就会在市场变现出相应的优势，体现出外显的品牌竞争力。

姜岩和董大海（2008）则认为企业可以通过有效的品牌营销策略，在一定程度上影响消费者，使消费者在心理和行为上发生有益于企业的变化。如果企业的品牌具有较高的知名度，具有良好的感知质量和声誉，而且与其他竞争品牌相比具有明显的差异性，那么企业的品牌就很容易引起消费者的关注，让其产生兴趣和好感，进而在购买时作为优先选择的对象，或者在使用以后由于产生了较高的满意度而导致重复购买行为。相应地，消费者对哪一个品牌具有更高的忠诚度，也就意味着该品牌俘获了很多的消费者心智资源，因而较之竞争品牌而言具有更强的品牌竞争力。

胡大立等（2005）借助物理学的"力"与"势"概念来解析品牌竞争力的形成。"势"是一种相对位置，处于较高地位的物体具有较高的势能。"力"是某一物体与另一物体相互作用时表现出来的一种外部力量或作用力。他认为，品牌差别优势是品牌竞争力产生的源泉①。所谓品牌差别优势是指品牌在满足消费者特定需求的基础上，在其特性或个性化方面所显示出来的差异性。这种差异性能产生品牌势能。品牌差别优势与品牌竞争力的关系同理于物理学"势"与"力"的关系。势是一种潜在的能量，而力是一种现实的力量。通过一定的条件作用，这种潜在的能量能转化为现实的力量。

李雯霞、霍国庆（2008）也认为可以用物理现象来比喻品牌竞争力的形成机理。他们指出，品牌是企业的自然形象、精心设计和塑造的形象在消费

---

① 胡大立，谌飞龙，吴群. 品牌竞争力的内涵及其源流分析［J］. 经济问题探索，2005（10）：30.

者心目中的映射，这种映射要透过一个中间界面来完成。即品牌并不是企业的真实形象，而是经过中间的广告商、传媒和渠道商等过滤、加工和裁剪处理的形象，是经过消费者审视、过滤和再加工的形象①。

综上所述，虽然关于品牌竞争力的研究在概念内涵、影响因素、形成机理等方面取得了较丰富的研究成果，但也存在明显的不足，主要表现在对品牌竞争力形成机理的理论探讨不够深入，对不同行业尤其是服务业品牌竞争力的研究还很匮乏，并且，关于品牌竞争力的实证研究成果相对较少。因此，本书将从多个视角深化品牌竞争力形成机理的研究；将理论研究成果应用于对山东省国有企业品牌和山东省装备制造品牌的调查研究和分析，并开展专题研究；特别针对服务品牌竞争力开展系统研究，基于"三相一体"品牌本体模型，构建服务品牌竞争力形成机理的研究模型，并在酒店业和银行业进行实证检验，以期丰富品牌竞争力的理论研究和实证研究成果。

二、整合视角的品牌竞争力形成机理

（一）品牌竞争力形成的三阶段模型

如前所述，现有文献关于品牌竞争力的研究主要出于两种视角：一是基于企业竞争力理论的品牌竞争力研究，二是基于品牌资产理论的品牌竞争力研究。本书作者尝试建立一个基于整合视角的三阶段品牌竞争力分析框架：第一阶段，企业依靠自身资源和能力，打造优质产品，开展品牌建设，这是品牌竞争力的启动阶段；第二阶段，企业与以顾客为代表的利益相关者建立品牌关系，利益相关者对品牌形成良好的品牌认知、品牌联想、感知质量和品牌忠诚，这是品牌竞争力的积累阶段；第三阶段，良好的感知质量和品牌忠诚为企业带来营销价值，良好的品牌认知和品牌联想为企业带来战略价值，这是品牌竞争力的最终形成阶段。每个阶段影响品牌竞争力的因素不同，品牌建设的主导力量也不一样。

---

① 李雯霞，霍国庆. 品牌竞争力的形成机理和构成 [J]. 企业管理，2008（4）：94-95.

1. 品牌竞争力启动阶段

在品牌竞争力启动阶段，企业依靠自身资源打造优质产品、开展品牌建设，为品牌的进一步发展奠定基础（见图3-3）。

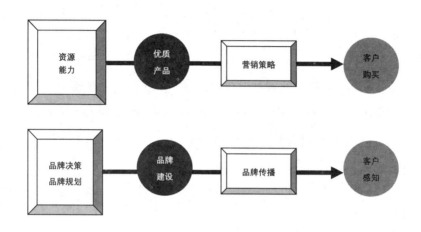

图3-3 品牌竞争力启动阶段

一方面，企业依靠自身资源和能力打造优质产品。

无论品牌多么知名，品牌的载体依然是产品，优质产品是决定品牌竞争力的基础性因素。在激烈的市场竞争中，企业只有不断创造出让顾客满意的产品，才能赢得更多顾客。产品方面的竞争优势主要体现在：质量更优，功能更多，外观更时尚，使用更方便，服务更佳，或价格更低。上述任何一点和几点的综合，都足以让产品在众多竞争性产品中脱颖而出。

关于产品竞争优势的形成基础，可以沿用关于企业竞争力分析的两种学说。一是基于能力学派的分析，认为企业可持续竞争优势源于企业独具、竞争对手难以模仿的核心能力，比如技术能力、生产能力、学习能力、营销能力、组织能力突出等。二是基于资源学派的分析，认为企业可持续竞争优势源于企业独具的、竞争对手难以获得的有形资源和无形资源，比如充裕资金、优秀员工、广泛的销售网络、受到保护的知识产权、长期合作的客户、强大的品牌和信誉等等。

在产品竞争优势已经形成的基础上，企业打造品牌竞争力的关键一步就是制定营销策略，向目标顾客展示企业所制造的产品与其他企业有何不同。除差异化产品之外，知名品牌通常采取的营销策略包括特色包装、自建渠道或特许专营、较高价格等。在包装方面，知名品牌的销售包装上面都有统一的品牌标识，包装设计也很独特，包装物料与产品档次基本一致，让顾客在琳琅满目的同类商品中一眼就可识别出来。在销售渠道选择方面，为了提升品牌形象，知名品牌通常选择知名零售商或专卖店作为销售终端。与旨在提高销售数量的企业不同，旨在提升品牌竞争力的企业通常采取较高价格，较少使用降价促销方式，同时注重配送的时效性，不断提升服务水平，在每个品牌接触点都能兑现品牌承诺，传达统一而有效的品牌信息。

另一方面，企业面向市场进行品牌建设。所谓品牌建设，是指品牌决策、品牌规划和品牌传播。

（1）品牌决策，包括品牌化决策、品牌愿景和品牌架构的确立。品牌化决策是指企业决定是否需要打造品牌；品牌架构决策是指企业在目标市场使用哪一类品牌——自有品牌还是中间商品牌、多品牌还是单一品牌、全球品牌还是当地品牌、主品牌还是副品牌；品牌愿景是指未来较长一段时间内，企业的品牌核心价值和品牌目标是什么？品牌愿景应该有活力，有新观点，才能引起他人共鸣。

（2）品牌规划，包括品牌审视、品牌名称、品牌标识、包装设计、品牌标语、品牌个性、品牌定位、品牌核心价值、品牌代言人等，这是实施品牌营销的基础。品牌战略规划一旦确定，在较长一段时间具有相对稳定性。

（3）品牌传播，分为外部传播和内部传播两个方面。其中，品牌外部传播的目标是让企业外部顾客等利益相关者了解品牌，提升品牌知名度；品牌内部传播是针对企业内部管理层、员工、供货商、渠道商等主体进行传播，让相关人员了解品牌历史、品牌愿景、品牌定位等品牌知识，增强品牌认同感。

在品牌竞争力启动阶段，所有影响品牌竞争力的因素都位于企业内部，无论是产品打造，还是品牌建设，都由企业主导，关注重点是如何形成产品竞争优势，如何完善品牌要素以奠定品牌建设的基础。

2. 品牌竞争力初步建立阶段

在品牌竞争力的初步建立阶段，企业逐步与顾客建立起良好品牌关系，越来越多的顾客对品牌及其产品建立了新的认知、联想、信任和忠诚，品牌资产得以积累。此阶段的主导者是顾客，关注重点是与顾客建立品牌关系并积累品牌资产（见图 3-4）。

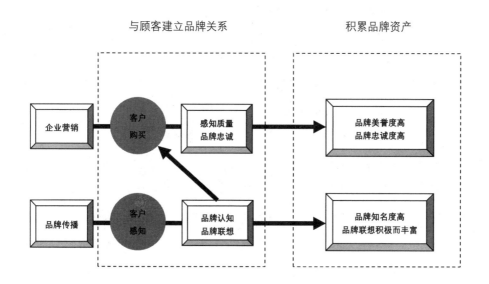

图 3-4 品牌竞争力的初步建立

（1）建立品牌关系

企业与顾客之间的品牌关系是所有品牌关系的核心，只有与顾客建立起品牌关系，企业才能拥有源于品牌的竞争优势。

在与顾客建立品牌关系的过程中，最关键的一步是顾客对品牌产品的初次购买。顾客对品牌产品的初次购买实际上是顾客对企业营销活动或品牌传播的反应。对于一个从未接触过的品牌，顾客通过某种渠道了解到了品牌信息之后，会留下一定的印象，从而形成某种品牌认知。当需要购买这类产品时，会根据已有的品牌联想，对不同品牌的产品进行比较。对于比较贵重的商品还会提前进行信息收集和学习，才做出最终购买决策。可以说，企业品牌传播的主要目的，就是加强目标顾客对本品牌的品牌认知和品牌联想，让本品牌进入顾客购买决策的被选择范围之内。

顾客初次购买行为之后，就能通过购买过程中的购买体验及使用过程中的消费体验，形成对品牌的感知质量。如果产品能够满足顾客在质量、功能、外观、服务等方面的具体要求，顾客就会对品牌产品有较高满意度，对品牌产生品牌信任、品牌满意、品牌偏好等品牌情感。最终，以多次购买行为表现出对品牌的忠诚。

（2）积累品牌资产

品牌资产的形成，即感知质量、品牌忠诚、品牌认知和品牌联想的不断积累，是品牌竞争力形成的关键一环。该阶段与品牌关系建立阶段形成一一对应关系，主要表现为品牌具有较高知名度、美誉度和忠诚度，顾客对该品牌有较为积极而丰富的品牌联想。

关于品牌资产的形成，需要强调的是，品牌资产的形成取决于顾客，而非依附于产品。只有产品和服务因良好的品牌形象被市场中的众多顾客认可和购买，顾客愿意为品牌产品支付更高的价格，该品牌才能像其他核心资源一样，成为企业重要的无形资产。

3. 品牌竞争力最终形成阶段

品牌竞争力的最终形成是指企业借助品牌的力量，在产品市场、要素市场、资本市场等各类市场竞争中具有竞争优势。具有强势竞争力的品牌为企业带来两类价值：营销价值和战略价值（见图3-5）。

（1）品牌具有营销价值

20世纪80年代以前，品牌的主要作用是区分同类产品的不同制造商。

20世纪80年代之后，随着国际投资和国际贸易的快速发展，品牌在国际市场竞争中的作用日益凸显。跨国公司的营销经理发现，顾客对品牌的良好印象，为企业带来更多销售额和更高利润率，也为品牌延伸创造了条件。当

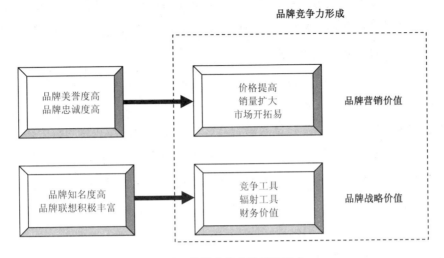

图 3-5   品牌竞争力的最终形成

企业进入一个新市场或新的产品品类时，利用原有品牌比使用新品牌能节省更多市场推广费用。也就是说，知名品牌可用于品牌延伸和市场拓展。自此，跨国公司开始重视对品牌的投资，将品牌推广活动看作能够带来营销收益的一项投资行为。越来越多的企业开始实施品牌营销战略，努力提升品牌的知名度和美誉度，品牌成为企业竞争力的重要来源。

直至今天，大多数企业打造品牌的最主要目的仍然是为了提升营销效率。相对于不知名品牌而言，标注知名品牌的产品可以有更高的售价、更多的销量，也更容易进入新的产品品类，这就是所谓的"品牌的营销价值"。

（2）品牌具有战略价值

20 世纪 90 年代之后，品牌成为企业与众多利益相关者互动的平台，品牌也从营销工具发展成为竞争工具，品牌开始具备战略价值。

品牌的战略价值首先体现为它是企业竞争优势的来源。由于企业与顾客之间的品牌关系需较长时间才得以建立，这种品牌关系一旦建立起来，会对顾客偏好的形成和未来购买都有积极影响。随着时间的推移，产品和服务可能被模仿、被复制，但是品牌被注册以后就受到法律保护，其他竞争对手既不能复制，也无法模仿。因此，在长期内品牌可以成为企业保持竞争优势的有力工具。即使面临产品质量危机时，知名品牌也更容易取得顾客谅解，降低了质量危机引发的企业经营风险。

其次，品牌的战略价值体现在它是企业与其他利益相关者建立良好关系的基础。这些利益相关者既包括企业员工和投资者，也包括与企业有合作关系的渠道商和供应商，还包括政府、社区、公众、媒体等其他利益主体。以投资为例，拥有强势品牌的企业既能吸引新投资，也能维持与既有投资者的合作关系，在资金方面没有后顾之忧。源于知名品牌的辐射效应，让企业与政府、社区、投资者、员工等利益相关者接触时获得更多合作机会，这些利益相关者能为企业发展提供良好外部环境并成为企业发展的助推器。

品牌的战略价值还表现为巨额财务价值。在产品市场，良好的品牌形象影响顾客的品牌选择和购买行为，对此企业及其渠道商能够从中获得较高销售收入、市场份额和利润；在资本市场，品牌作为企业的无形资产，和企业的有形资产一样，在公司购并和特许专营活动中可以被评估定价，也可以能为企业带来实际财务收益。

由此可见，品牌不仅仅是短期的营销工具，更是企业保持长期竞争优势的战略工具。在产品同质化越来越严重的今天，强势品牌是企业获得生存和发展的重要保证，也是企业最重要的无形资产。强大的品牌能帮助企业赢得今天，也能帮企业赢得未来。

（二）品牌竞争力形成的两大机制

从上述三阶段模型可以归纳出品牌竞争力形成的两条主线（见图3-6）。一是优质产品作用机制，即从优质产品产生的品牌竞争力；二是品牌建设作用机制，即因品牌建设产生的品牌竞争力。

1. 优质产品作用机制

所谓优质产品作用机制，是指打造优质产品，通过提升感知质量的方式获得顾客认可，推动品牌竞争力的形成。

在优质产品作用机制下，企业所提供的优质产品及其附加服务，让顾客

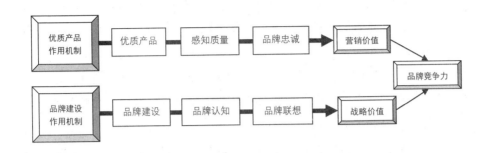

图 3-6　品牌竞争力作用机制

对产品和服务有一个总体评价，这就是"感知质量"。感知质量是顾客购买产品和服务之后，基于直接体验而形成的对产品质量、服务质量、产品功能能否满足需要的一种认识，也是顾客对品牌产品的总体评价。当感知质量超过预期，在心理上顾客就会表现为满意，在行为上就会表现为再次购买、推荐他人购买、愿意溢价购买，这就是"品牌忠诚"。品牌忠诚是顾客对品牌产生认同情感之后表现的一种积极行为。

"感知质量"和"品牌忠诚"是品牌资产的两个重要维度，也是传统经济中知名品牌的创建方式。品牌资产的积累让企业能够销售更多产品，产品售价也比同类型产品高，为企业增加销售额和提高利润率。由此，品牌为企业带来营销价值，形成品牌竞争力。

2. 品牌建设作用机制

所谓品牌建设作用机制，是指开展品牌建设，通过提升品牌形象的方式获得顾客认可，推动品牌竞争力的形成。

在品牌建设作用机制下，企业首先需要开展品牌创建活动，包括品牌决策、品牌规划等活动，为打造知名品牌奠定基础。随后，企业有计划地通过广告、渠道、公共关系、营业推广、人际沟通等手段，向目标顾客传播品牌产品、品牌个性、品牌核心价值观，引起目标顾客的关注，形成品牌认知和品牌联想。

"品牌认知"是顾客对品牌的第一印象,是顾客对品牌标识、品牌产品所属领域、品牌拥有者、品牌使用情境、品牌使用者等方面的初步认识。品牌认知可分为品牌符号认知、产品领域认知、组织认知、使用者认知和使用情境认知等。"品牌联想"是品牌认知的深化,可分为诚信联想、能力联想、影响力联想、亲和力联想、原产地印象和行业印象等。顾客关于品牌的所有联想总和称为"品牌形象"。

良好的品牌认知和品牌联想是品牌与利益相关者,如顾客、供应商、分销商、投资者、员工、媒体、政府、非政府组织、社区、公众等建立品牌关系的基础。人际关系心理学认为,人际关系的建立遵循认知——情感——行为的渐进式发展过程。同理,品牌要与顾客建立关系,也要遵循同样的过程。如果外部利益相关者对品牌产品和品牌本身有良好印象,和企业接触时就会表现出合作、支持、信任的态度。例如,顾客会重复购买,投资者更愿意投资,供应商和分销商更愿意合作,优秀人才更愿意加盟企业,政府和社区更愿意提供政策支持,企业因此获得良好的内外部发展环境。由此,品牌成为企业发展的战略工具,给企业带来品牌竞争优势,形成品牌竞争力。

三、生态视角的品牌竞争力形成机理

（一）品牌竞争力的内涵与特征

从前述关于品牌竞争力的定义来看,研究者对品牌竞争力内涵的认识可以归纳为两类观点:表现力观和能力观。

表现力观的共识是,品牌竞争力是一个市场概念和比较概念,是企业竞争能力的市场表现形式。如表现力观的代表学者张世贤认为,品牌竞争力是企业综合竞争力的表现形式,一个品牌有无竞争力要看它有没有相对优势的市场份额,且有没有一定的溢价能力。

能力观的共识是,品牌竞争力是支持品牌发展企业的各种能力的集合。如能力观的代表学者戴维·阿克（David A Aaker）（2002）认为,品牌竞争力

是在一定的市场环境中企业拥有的塑造强势品牌并支持强势品牌持久发展的能力①。

虽然表现力观和能力观对品牌竞争力内涵的认识各有侧重，但两种观点都认同品牌竞争力具有以下特征：第一，品牌竞争力具有比较性。品牌竞争力是企业之间相互竞争、较量时，由品牌所表现出来的一种市场力量。这种力量使企业的品牌区别或领先于其他竞争对手并支持自身持久发展。第二，品牌竞争力具有动态性。品牌竞争力会随着市场结构和竞争行为的变化而变化，其强弱不是绝对的、持久的。第三，品牌竞争力具有资源整合性。品牌竞争力是企业资源配置的产物，同时，其自身也是构成企业发展的一项重要资源。竞争力强大的品牌有吸纳社会资源的号召力。

其实，品牌在市场上的表现力不是自然形成的，是既源于消费者的个人感知，更与品牌企业的营销能力、管理能力和创新能力等密切相关。同时，政府政策、产业因素、市场环境和法律环境等都对品牌竞争力产生影响。因此，本书对品牌竞争力的内涵做出如下归纳：品牌竞争力是企业综合竞争力的市场表现形式；品牌竞争力的根源在于品牌企业的差异化优势及由此带来的顾客价值优势；品牌竞争力是企业有效资源配置的结果，同时，其自身也构成企业发展的一项重要资源。

（二）品牌竞争力形成与演化的动态机理模型

基于对品牌竞争力的复杂性以及影响因素多样性的认识，本书引入"品牌生态环境"这一要素，构建了品牌竞争力形成与演化的动态机理模型。该模型由五大要素及它们之间的关系构成，分别是品牌意识与决策、品牌资源和能力、隐性品牌竞争力、显性品牌竞争力以及品牌生态环境（见图3-7）。

1. 品牌意识与决策

品牌意识与决策是指企业品牌化的经营导向和策略组合。品牌意识与决策是品牌竞争力动态机理模型中的驱动因素。在对品牌生态环境分析的基础

---

① AAKER D A, JOACHIMSTHALER E. Brand leadership [M]. New York：Free Press，2002.

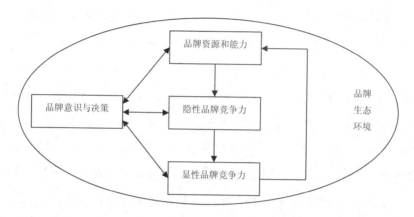

图 3-7　品牌竞争力动态机理模型

上，企业依托品牌资源和能力，审视和确立品牌发展的显性竞争力目标，据此选择和培育企业的品牌差别优势，即隐性品牌竞争力，进而实现品牌竞争力的循环运转。

品牌意识与决策在品牌竞争力培育和提升过程中所起的作用从三个方面加以体现：

第一，品牌建设的市场导向。根据营销管理理论，真正的市场导向是顾客导向和竞争导向的平衡。在品牌资源和能力的基础上，选择培育品牌差别优势，品牌意识与决策发挥的是竞争导向的作用；将企业的品牌差别优势转化为品牌顾客感知的价值优势，进而达成品牌竞争力的三种境界：知名度、美誉度和忠诚度，依赖于品牌意识与决策发挥的是顾客导向的作用。

第二，品牌战略的系统思维。品牌意识与决策对品牌竞争力培育的影响不能仅仅从企业自身考虑，而是应进行系统性思考。根据品牌生态系统理论，一个品牌要想得到健康稳定的发展，必须要与外部环境要素组成良性循环的生态系统，与品牌生态系统成员建立起互利共赢的商业生态模式以及稳定的商业网络关系。品牌生态系统环境因子为品牌竞争力形成和发展带来机会或威胁，品牌生态系统成员则会直接影响品牌竞争力的大小。例如，丰田汽车曾遭遇"召回门"，品牌形象受到极大损害，品牌竞争力下降，在这其中，丰田公司对零部件供应商的管理不当不能不说是主要原因之一。

第三，品牌的可持续发展。学界对品牌生命周期的探索表明，品牌没有明显的类似于产品那样的生命周期——成熟之后意味着衰退。品牌完全可以通过企业的正确决策、产品创新和持续合理的投资而得以永续。品牌的生命周期是一个自我实现的概念，而不是一个自然生长的概念。一个品牌能否持续发展，在很大程度上取决于企业能否及时更新品牌意识和做出正确的品牌决策。

2. 品牌资源和能力

资源和能力是企业异质性的根本原因，这是企业理论研究者的一个普遍共识。品牌资源和能力既是企业品牌化运作的前提，又是企业品牌化运作成果的累积，是支持品牌竞争力持续发展的战略要素和能力。品牌战略要素包括产品质量与服务质量、资本与市场规模、企业的人才战略、技术创新与新品开发、企业文化和企业的核心价值观等品牌的内在要素，还包括品牌所能利用的相关环境要素和系统成员要素等品牌生态系统要素。品牌能力则是企业在品牌经营实践活动中培育和积累的素质、知识和能力。品牌能力是企业发展到品牌竞争阶段逐渐培养起来的，是企业核心能力的高级形态。基于"能力"和"竞争力"概念的差异，品牌能力与品牌竞争力的不同之处在于，品牌能力是品牌所固有的，它们不因竞争而存在，也不因没有竞争而消失；品牌竞争力则是品牌竞争主体之间相互比较、相互较量时呈现出来的力量。品牌能力一经获得就相对稳定，品牌竞争力则经常处于变动之中。品牌能力是品牌竞争力的支撑和决定因素，品牌竞争力是企业能力在品牌竞争中的表现。从价值创造的角度，品牌能力通常包括企业的研发创新能力、生产制造能力、营销创新能力，以及使研发、生产和营销三个价值环节协同运营的管理协同能力。

3. 品牌生态环境

品牌生态环境是品牌竞争力动态演化的平台与空间，由品牌生态环境因子和品牌生态系统成员两方面构成。品牌生态环境因子是指影响品牌生存和发展的各种社会力量，包括人口、经济、自然、技术、政治法律和社会文化等宏观环境要素，以及市场结构、一体化水平、成本结构、进入与退出壁垒等中观产业要素。品牌生态系统成员是指品牌企业的顾客、供应商、中间商、公众以及竞争者等直接影响品牌竞争收益的利益相关群体。

借鉴生态学开展品牌研究是近年来品牌理论研究的新方向，形成了品牌生态系统的内涵、结构、运行机制、演化过程以及可持续发展等研究成果，显示品牌的生存和发展是系统化的生存和发展，只有形成适当的品牌生态系统，品牌才能持续成长。

一个品牌在市场上从无名到著名直至成为领导品牌，品牌竞争力从无到有、从小到大不断加大，这个过程与品牌生态系统的更新和升级相辅相成。培育和提升品牌竞争力可以从品牌生态系统的演化过程着手，对品牌生态系统的要素策略（策略维）、发展阶段（时间维）和地理扩张（空间维）三个维度①加以分析，从中寻找和发现品牌竞争力持续发展的路径。模型中引入"品牌生态环境"要素，目的是为企业培育和提升品牌竞争力提供整体观和动态观。

4. 显性品牌竞争力和隐性品牌竞争力

品牌竞争力是一个复杂的市场现象，是多种力量和因素共同作用的结果。将品牌竞争力划分为显性品牌竞争力和隐性品牌竞争力两个层面，一是能够揭示出品牌竞争力的"源"和"流"；二是能使品牌竞争力的评价指标更明晰化。

显性品牌竞争力是品牌竞争力的表征，主要衡量品牌在市场竞争中的成果。与单一市场决定论的评价指标不同，本书认为显性品牌竞争力的测量应从市场和消费者两个层面选取评价指标。因为品牌竞争更是抢占消费者心智资源的竞争，从品牌自身的角度看，品牌竞争力所要追求的是知名度、美誉度和忠诚度三种境界。显然，衡量显性品牌竞争力的应该是反映性指标。

---

① 王兴元. 名牌生态系统分析理论及管理策略研究——基于生态学视角的探索［M］. 北京：经济科学出版社，2007.

　　隐性品牌竞争力是品牌竞争力的本源，反映品牌企业的差别化优势以及品牌顾客的感知价值优势。竞争力的经济学分析认为，在一定范围内，替代性（同质性）会导致竞争，差异性（异质性）能产生竞争力。因此，企业要获取品牌竞争力，就要制造有优势的品牌差异，即品牌差别优势。品牌差别优势由企业多方面要素优势构成，是一个多因素贡献系统。显然，衡量隐性品牌竞争力的应该是构成性指标。

　　显性品牌竞争力和隐性品牌竞争力的关系如图 3-8 所示。

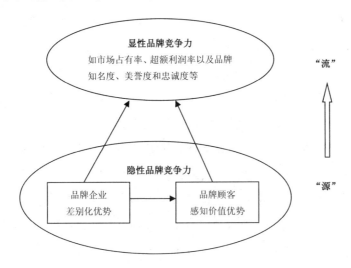

图 3-8　显性品牌竞争力和隐性品牌竞争力的关系

　　（三）管理启示：培育和提升我国企业品牌竞争力的对策建议

　　通过上述对品牌竞争力动态机理模型的理论分析，结合我国品牌建设的实际，我们对培育和提升我国企业品牌竞争力提出如下对策建议：

　　1. 企业要树立长远、创新的品牌发展意识，不断提高品牌决策水平。

　　增强品牌意识是品牌竞争力提升的先决条件。20 世纪 90 年代以来，消费者品牌意识的觉醒带动了企业品牌意识的觉醒，企业品牌决策水平也有了很大提高，但是，毋庸讳言，与进入中国市场的许多著名跨国公司品牌比较，中国企业家的品牌意识与品牌决策水平还有待进一步提升。缺乏品牌战略意识，往往表现为急功近利，忽视品牌资源和能力的积累，致使品牌发展缺乏后劲，成为"各领风骚三五年"的短命品牌。追求基业长青的品牌通常立足于长远，使品牌在经过孕育形成、初始成长阶段之后，在成熟期稳定发展的基础上锐意创新，推动品牌进入生命周期的再循环。以我国自主知识产权名牌的代表"联想"和"海尔"为例，其成长初期的竞争优势主要体现在产品差异化、营销渠道等商业模式，但在品牌成长过程中不断强化研发能力，选择时机嵌入全球价值链，使品牌竞争力得以逐步提升，从而推动了企业从产品运营向品牌运营、区域名牌乃至中国名牌和世界名牌的升级转型。

2. 长期来看，企业要注意协调发展显性品牌竞争力和隐性品牌竞争力。

品牌竞争力的可持续性是显性品牌竞争力和隐性品牌竞争力协调发展的结果。企业在品牌初创阶段，往往会凭单一要素优势寻求市场突破，短期内取得辉煌的经营成果，表现出强大的显性品牌竞争力。这是一种有效的品牌建立策略。但如果忽视了隐性品牌竞争力的提升，一旦品牌最初发展的系统条件发生改变，品牌竞争力就会大大减弱甚至荡然无存。例如，一度曾经在国内市场上叱咤风云、耀眼但是却又迅速消失的"流星"品牌，如"巨人""秦池""爱多"等，凭借当时有利的市场条件和自身的营销创新，尤其是广告攻势，赢得了较高的市场份额、超额利润和品牌知名度，迅速建立起显性品牌竞争力；但当市场环境变化时，企业经营者未能及时更新品牌意识与决策，转向隐性品牌竞争力的培育，以使显性品牌竞争力和隐性品牌竞争力协调发展，终因沉迷于曾经的成功模式而陷入困境。

3. 强势品牌要抓住有利时机，适时实施品牌国际化战略，提升品牌竞争力。

改革开放以来，经过激烈的市场竞争，一批品牌如"联想""海尔""伊利""青岛啤酒"等，已经发展成为国内市场的强势品牌，近年来这些品牌通过实施品牌国际化战略，开始成为"国际知名品牌"，极大地提升了中国品牌在国际市场上的竞争力。但是我们也应看到，与欧美日韩等国家的众多世界著名品牌比较，中国品牌国际化的数量和程度仍存在较大差距。海尔总裁张瑞敏认为"国门之内无名牌"，只有能够同世界著名品牌相抗衡的品牌才是真正的名牌。纵观世界 500 强公司的成长经历，品牌国际化是国内强势品牌企业在经济全球化背景下的必然选择。因此，一方面我们要及时总结中国品牌在国际化实践中的经验教训，一方面要鼓励和指导更多国内强势品牌抓住时机，适时进入或创建更高能级的全球品牌生态系统。

4. 政府要创造和维护良好的品牌环境，促进区域中小品牌成长。

如前所述，品牌的成长会受到自然资源、经济、政治和法律、社会以及文化等多种生态环境因子的影响，其中，政府和政策法规对创造一个宽松、有利的品牌成长环境显得尤为重要。政府可以通过制定区域规划和产业政策引导品牌发展的方向，通过构筑信息平台和增强服务意识帮助企业减少品牌决策失误，通过完善法律法规和加强监管规范品牌竞争行为。鉴于我国地域辽阔、区域经济发展不平衡的特点，以及中小企业单独创建国际品牌困难大、时间长且成功概率小的现实，优先发展区域品牌不失为一条可行之策。近年来江浙地区丝袜、领带、设备小零件等集聚品牌的成功，充分显示出区域品牌的辐射效应和协同效应。发展区域品牌要求地方政府把品牌作为战略性资源来培育，要对中小企业给予多方面的政策扶持，激发中小企业的品牌创建意识，引导中小品牌企业开展多层次、全方位的联合协作，实现区域内优势资源的共享和生产要素的优化配置，进而打造有竞争力的区域品牌，从而形成品牌的"群落经济"。我们有理由相信，一批区域品牌的崛起，将极大地增强我们的国家品牌竞争力，提升国家品牌形象，助推中国品牌经济腾飞。

第四章

制造品牌竞争力提升路径与对策
——以山东省企业为例

第一节　山东省国有企业品牌竞争力提升路径研究

改革开放以来，随着国有企业改革的逐步深化，经受市场经济洗礼的山东省国有企业逐渐焕发生机和活力，涌现出了一大批国内知名企业，如山东能源、山东重工、山东高速、鲁商集团等。这些省属国有企业是山东省国有经济发展的排头兵，构成山东省经济发展的一道亮丽风景线。

在 2021 年世界品牌实验室《中国 500 最具价值品牌》中，山东省入榜企业品牌价值达到 20351 亿元，品牌价值居全国第 3 位，与山东省经济大省地位基本相称。为说明山东省国有企业品牌经营现状及主要特征，本书首先回顾山东省国有企业品牌的发展历程。其次，对部分国有企业进行实地调研，使用问卷调查方式，分析山东省国有企业品牌建设现状及存在问题，归纳山东省国有品牌的建设特点。随后，在论证品牌竞争力提升路径及关键环节基础上，对山东省国有企业品牌培育提出对策。

一、山东省国有企业品牌发展历程

中国经济体制改革和对外开放的发展，为山东省国有企业成长提供了广阔的发展空间，企业活力不断释放，企业竞争力不断增强。回顾改革开放以

来四十多年的发展历程，山东省国有企业品牌建设可以归纳为三个阶段。

（一）名牌产品创建阶段

山东省国有企业的品牌建设起步于名牌产品的创建（1980-1992年）。

20世纪80年代，占主导地位的经济体制虽然是计划经济，但经济体制改革持续推进，国有企业通过承包经营、租赁经营、转换经营机制等多种方式释放活力，山东省一批先知先觉的企业家充分利用有利的政策条件，打造出质量过硬的品牌产品，迅速占领市场。

以青岛市为例，1984年青岛市政府组织专家编制了《1984-1990年重点产品发展规划》，确定了57种在当时具有一定优势的产品作为青岛市工业及其产品的未来发展方向，从资金、技术、政策等方面予以重点扶持，以此带动相关产品、相关行业的发展。这一文件的出台拉开了青岛市实施名牌发展战略的序幕。海尔冰箱、海信电视机、青岛啤酒和双星鞋等产品均是规划中重点发展的项目。1989年，为进一步提高青岛市日用工业品的质量和档次，扩大工业产品在国内外市场上的知名度和覆盖面，青岛市政府又颁发了《关于开展日用工业产品争创"青岛金花"活动的通知》。以企业为主体、消费者和专家共同参与的金花产品创评活动标志着青岛市工业发展由重点发展战略转向名牌发展战略，开辟了富有青岛特色的品牌发展之路，享誉国内外的青岛"五朵金花"——海尔、海信、青岛啤酒、双星、澳柯玛就是通过争创"青岛金花"活动涌现出来的知名品牌。

在这一阶段，品牌意识早觉的企业家十分重视产品质量和技术引进。1985年4月，时任青岛电冰箱总厂厂长的张瑞敏让工人砸坏了76台有质量缺陷的问题冰箱，自此奠定了海尔人严苛的质量意识。这起著名的"砸冰箱事件"让海尔在家电行业内名声大振，成为海尔品牌建设史上第一个里程碑事件。

（二）品牌扩张阶段

我国宏观经济从1993年开始进入"过剩经济"阶段。随着市场供求基本平衡，市场竞争日益加剧，建立在单一产品上的竞争优势往往难以持续，企业之间的竞争从名牌产品转向企业规模与企业实力比拼。

认识到这一点，山东省国有企业品牌抓住市场机遇，开始实行多元化战略，将品牌声誉延伸到新行业和新产品中，实现了国有企业的规模扩张，品牌影响力由小变大，进入品牌扩张阶段（1993-2000年）。

这一阶段的国有企业品牌一方面通过新建企业进入新行业，另一方面，运用资本运营手段，兼并重组同类弱势品牌。以海信为例，1993年将"青岛"牌电视机更名为"海信"，将"海纳百川，信诚无限"确立为企业品牌的内涵。1994年，并购淄博电视机厂，跨出了兼并重组的第一步，确立"人才、技术、资本缺一不可"的资本并购原则。1995年，成立海信房地产公司，开始涉足房地产行业。1996年，成立空调公司。1997年，再次运用资本运营手段，先后并购贵阳华日电视机厂和辽宁金凤电视机厂，资本运营的杠杆由此伸向全国。1999年，"海信"获得中国驰名商标，基于"技术立企"理念和资本运营方式扩大规模的品牌运营取得了丰硕成果。

（三）品牌升级阶段

2001年至今，对外开放成为中国经济发展主导方式，山东省国有企业品牌日益重视自主创新，一些已建立国内优势的国有企业品牌开始逐步实施"走出去"战略，开始以全球视野制定品牌战略规划。

这一时期，山东省国有企业的一些优势品牌如海尔、海信、山东能源、浪潮集团、济南二机床等纷纷走出国门，开始在世界市场与全球品牌同台竞技。海尔集团总裁张瑞敏曾说：国门之内无品牌，真正强大的品牌是能够在世界市场展示竞争力的品牌。

二、山东省国有企业品牌建设现状及问题

实地调研可以掌握企业品牌经营的第一手资料。我们围绕品牌战略规划、品牌创建活动和品牌营销状况等三个主题，设计了调查问卷（见附录1），对山东省部分国有企业进行了问卷调查。

在正式调查中，以山东省国有企业总体为调查对象，采用分层抽样和概

率抽样相结合。在分层抽样阶段，按照所在区位划分为东部、中部、西部共三层。然后采取两阶段概率抽样，先抽取 2~3 个地级市，共 7 个地级市，再在每个城市选取 2%~4% 的大中型国有企业发放问卷。正式调查过程中共发放并回收问卷 80 份。经过审核，剔除不合格问卷 30 份，得到有效问卷 50 份，有效回收率 62.5%。在提供有效问卷的 50 家企业中，主营业务属于制造业的国有企业 36 家，属于服务业的国有企业共 14 家，能较好地反映山东省国有企业的行业特征。

基于样本企业的一手数据，我们得以了解山东省国有企业品牌建设概貌。

（一）山东省国有企业品牌建设概况

1. 品牌意识强

在品牌意识方面，92% 的国有企业管理者认为品牌对于企业经营的作用比较重要或者很重要，体现出较强的品牌意识。并且，不同区域企业对品牌重要性的认识无明显差异性（见图 4-1）。

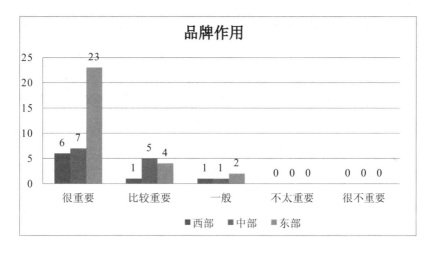

图 4-1　山东省国有企业对品牌作用的认识

国有企业中高层管理者对品牌创建关键要素的认识，主要集中于品牌战略规划、品牌传播和沟通、品牌产品研发三个方面（见图 4-2）。

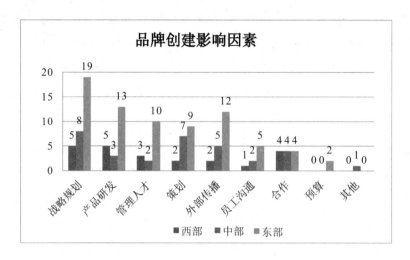

图4-2 山东省国有企业对品牌创建影响因素的认识

2. 大多已做品牌战略规划

在品牌规划方面，除3家企业未做品牌规划外，其他47家国有企业都进行了品牌规划。参与品牌规划的主要是以总经理为代表的高管人员和部分营销管理人员。

就品牌规划的时间而言，山东省国有企业开始品牌规划的时间较早。2000年之前做品牌规划的国有企业占46%，2001年-2010年做品牌规划的国有企业占30%，18%的国有企业在2011年之后做过品牌规划。

山东省各地区在开展品牌规划的时间上有一定的差异性。在2000年之前做品牌规划的国有企业中，东部国有企业的比例是58.6%，西部国有企业的比例是50%，中部国有企业仅为15.4%。在进行品牌规划的中部国有企业中，66.7%的企业是2006年之后开始的。由此可以看出，山东省东部和西部地区国有企业进行品牌规划的时间要早于中部国有企业。

就行业而言，制造业国有企业开展品牌规划的时间要早于服务业国有企业。例如，在2005年之前进行品牌规划的国有企业中，制造业国有企业的比例为64%，服务业国有企业的比例为50%。

3. 普遍重视品牌标识设计

山东省国有企业普遍重视品牌标识的设计。在回收的 50 份有效问卷中，88%的企业对品牌标识进行了专门设计，合计共 44 家企业。有 6 家企业未做专门设计。考虑到有 3 家未做品牌战略规划，这就意味着还有 3 家做过品牌战略规划的企业没有对品牌标识进行设计（见图 4-3）。

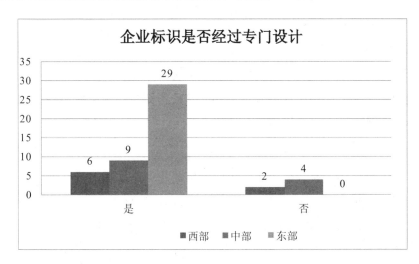

图 4-3　山东省国有企业是否做过品牌标识设计

就品牌标识设计的来源而言，企业自己设计、由外部机构进行设计、企业和外部机构合作设计这三种方式不分伯仲，分别各有 15 家、14 家和 15 家。

（二）山东省国有企业品牌建设特点

山东省国有企业在品牌建设和发展过程中表现出以下特点：品牌发展立足于质量和科技提升；品牌传播强调诚信和专业；品牌认同以功能性价值为主。

1. 品牌发展立足于质量和科技提升

山东省具有丰富的农业资源和文化资源，工业基础雄厚，商业传统悠久，这些资源条件和传统优势为国有企业品牌建设打下了坚实的基础。在市场竞争中，山东省国有企业结合市场和企业发展的阶段性特征，按品牌经济规律办事,扎扎实实练内功,始终以创造顾客价值为导向,以质量、科技为创建品牌之本,走出了品牌健康成长的正路。

创新是保持品牌持久生命力的源头。山东省国有企业品牌在品牌经营实践中不仅坚持技术创新、产品创新和服务创新,而且在体制创新、管理创新和营销创新等方面坚持高端规格,形成了"出标准、出经验、出理论、出文化"占领发展制高点的品牌建设特色。

比如,海尔总结的许多理论,像"日清日高"管理模式、"激活休克鱼"的兼并理论、"赛马不相马"的人才选拔机制、"先难后易"的国际化战略等,都已成为人们津津乐道的经典命题。实践创新和理论创新相得益彰,共同推进了品牌的持续、全面创新发展。

2. 品牌传播强调诚信和专业

调查发现,山东省国有企业品牌传播主题与企业品牌的核心价值具有高度一致性,体现了品牌传播的价值导向。在调查问卷中,国有企业用于描述品牌核心价值的高频词汇主要有诚信、专业、顾客认同、服务、发展、品牌、创新、责任、共赢、高质、高效等。与此同时,出现在品牌传播主题中的高频词汇有顾客满意、发展、品牌、诚信、责任、服务、绿色环保、质量、生态、创新等。

由此可见,山东省国有企业品牌具有较强的社会责任感,强调诚信经营,追求专业化,普遍重视产品质量和服务质量,顾客观念、创新理念和绿色营销理念受到高度认同。

山东省国有企业不仅重视面向顾客的外部品牌传播,而且开展了多样化的针对企业内部员工和企业利益相关者的品牌传播活动,形成了全方位、多样化的立体品牌传播。面向员工的品牌活动形式主要有:员工培训,员工参与设计企业理念、标志、广告语,企业文化知识竞赛,创建内部刊物、网站、杂志,召开职代会,建立公众订阅号,等等。面向供应商和经销商或分销商的品牌活动形式主要有:品牌联谊和交流活动,招商会,供应商年会,经销商峰会,国内外展会,广告支持,对事业伙伴的品牌培训,客户体验活动等等。

就品牌传播途径而言，传统媒体和网络媒体并驾齐驱。前四位使用较多的品牌传播途径是网站、报纸杂志、户外或路牌、电视。不同地区、不同行业国有企业在品牌传播途径的选择上差异性并不明显。

3. 品牌认同以功能价值为主

品牌竞争力的根本来源是顾客价值，即顾客感知到的由品牌创造和传递的功能价值、情感价值和社会价值。

针对山东省国有企业品牌价值表现的调查发现，顾客认同度较高的品牌感知价值集中在"产品质量好""品牌知名度高、声誉好"和"品牌服务周到细致"等三个方面。顾客认同度较低的是"产品随处可买""品牌能够彰显用户的身份地位""个性化定制"以及"品牌能引发用户的情感共鸣"等四个方面（见图4-4）。

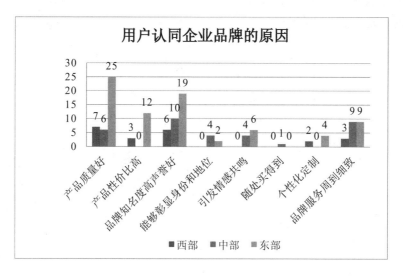

图4-4　山东省国有企业品牌认同来源

由此可以看出，山东省国有企业品牌创造和传递的顾客感知价值以功能价值为主，其次是社会价值，情感价值较低。

（三）山东省国有企业品牌建设存在的问题

调查发现，山东省国有企业不断提高品牌意识，积极运用品牌竞争策略，企业经营取得了显著绩效，促进了国有资产的保值增值。但是，通过调查和访谈发现山东省国有企业在品牌经营和品牌培育方面仍然存在若干问题。主要表现在：山东省国有企业的品牌溢价较低；品牌组织薄弱，多数企业没有设立统一的品牌日常管理和绩效评价部门；品牌互动少。

1. 品牌溢价不高

品牌溢价是基于顾客感知价值的品牌竞争优势的体现。调查发现，山东省国有品牌有一定程度的品牌溢价，但优势并不明显。与行业平均价格水平比较，品牌溢价20%以上的仅占2%，溢价10%~20%的占18%，溢价5%~10%的占30%，46%的品牌价格与平均价格持平，还有4%的品牌价格低于平均价格。由此可见，山东省国有企业品牌在市场上取得了一定的竞争优势，但多数品牌的附加价值并不高，七成国有企业品牌溢价在10%以内（见图4-5）。

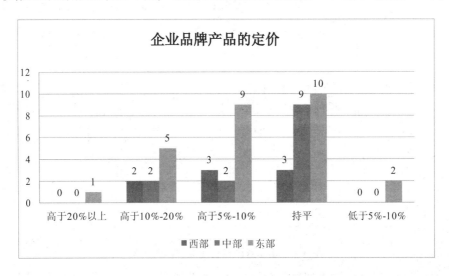

图4-5 山东省国有企业的品牌产品溢价

在品牌溢价表现上，行业差异性不明显，地区间有一定的差异性。其中，中部城市品牌溢价20%以上的国有企业比例明显高于东部和西部，达到16%。

这种差异主要是由于位于中部地区的济南市作为山东省的省会，集中了大多数资本实力雄厚的省管企业和省属国有企业，这些国有企业品牌知名度相对较高。

从品牌溢价的调查结果可以看出，山东省国有企业品牌普遍溢价不高，品牌增值效应不明显，这反映出山东省国有企业品牌附加值较低的问题。造成这个问题的原因比较复杂。从顾客感知价值的角度，由于情感价值不突出，可能使品牌产品因难以激发顾客的情感共鸣而减少了独特性和不可或缺性，从而难以获得较高的品牌溢价；从市场竞争的角度，由于多数国有企业所在的行业竞争已经变得十分饱和，如家电、纺织品、食品饮料等行业；或者带有一定的公益性质，如能源、矿产和交通等行业，难以制定较高的价格。另外，研发投入不足导致的产品创新乏力可能也是导致品牌附加值不高的因素之一。

2. 品牌组织薄弱

在做过品牌战略规划的国有企业，绝大部分都有专门负责品牌的日常管理和绩效评价的部门。但实施日常品牌管理的部门各异，如营销部、人力资源部、企业文化部、综合管理部、品牌策划部等。

从这一点可以看出，山东省国有企业尚未建立起专业性的品牌管理机构。究其原因，一方面是专业的品牌管理人才短缺，另一方面是有限的品牌人力资源分散在企业不同部门，没能形成合力，品牌的组织建设亟须加强。

3. 品牌互动有限

调查发现，国有企业面向内部员工和新生代消费者的品牌互动沟通明显不足。尽管围绕品牌的互动活动已引起企业关注，但是在有效样本的50家企业当中，只有一半的企业曾经通过品牌社区、品牌论坛、品牌俱乐部等途径开展过面向员工和新时代消费者的品牌交流和互动活动。还有一半的国有企业缺乏品牌社区、品牌论坛、品牌俱乐部这类新媒体沟通途径。造成这个问题的原因有品牌预算的约束，但主要原因还在于这些企业缺乏对新媒体传播的了解和相应的对策。

综上所述，尽管山东省国有企业已将品牌上升到经营战略层面来认识，但亟须系统化的品牌理论指导。只有直面问题，进行创新驱动的战略转型和升级，才有望进一步提升山东省国有企业品牌的竞争力，进而推动山东省品牌经济的发展。

三、品牌竞争力提升两大路径

对于企业而言，品牌的力量显而易见，但是如何创建和管理一个品牌却是让企业最为困惑的问题。每一个成功的品牌都有自己的品牌发展历史，也有自己的品牌成功密码。在成功品牌的发展过程中，企业提升品牌价值的基本路径是什么？尽管企业家和学者从不同视角、不同层面讨论和分析品牌建设问题，但迄今为止山东省国有企业的品牌创建仍处于自我摸索阶段，其根源在于影响品牌成长因素的多样性及重要影响因素的难识别性，进而所导致品牌创建的实现机制难以建立。

本书将结合国内外品牌研究的最新成果，为国有企业创建品牌提供解决方案，重点回答"创建品牌的基本路径是什么"这个问题。

企业可以通过以下两种途径影响顾客认知以实现品牌升级：一是打造优质产品和优质服务，通过优质产品和优质服务影响顾客认知，提升感知质量；二是重视品牌传播，通过品牌传播吸引顾客注意，扩大品牌知名度，提升品牌认知和品牌联想。

（一）第一条路径：通过优质产品和服务留住顾客

对于顾客而言，知名品牌代表着良好的产品质量。他们只需支付一个合理的价格，就能买到自己满意的产品，不必担心产品质量问题。这大大简化了购买决策，让顾客感觉省心和放心。因此，企业要想打造品牌，首先必须能够提供优质产品，优质产品是打造品牌必不可少的前提条件。

对于顾客而言，知名品牌同时代表着良好的服务质量。无论这个品牌的产品在哪里购买、何时购买，在产品的购买、消费、使用等各个环节，顾客都能得到同等品质的服务。这种服务方面的担保，让顾客的购买、消费和使用感觉到舒心。20 世纪 90 年代之后，随着市场竞争的日益激烈，很多企业愈发认识到优质服务是产品不可分割的一部分，良好的服务体验是顾客感知质量形成的重要依据。

传统老字号为什么能够传承百年？在那个时代，没有广告，也没有其他现代化的传播方式。他们依靠过硬的产品质量赢得顾客喜爱，然后口口相传，一传十，十传百，吸引众多顾客前来选购，最终成为知名品牌。百年老字号同仁堂的品牌口号是："品味虽贵必不敢减物力，炮制虽繁必不敢省人工"。它向其顾客传递的信息就是"我的原材料是最好的，我的工艺是最正宗的"。

现代市场竞争中，优质产品和优质服务依然是品牌创建的不二选择，也是品牌创建的基础性条件。顾客在购物过程中，对售前、售中和售后服务有所感知；在使用过程中，对产品质量、功能、外观、内在配置有所感知。这些与产品接触过程中产生的用户体验，共同构成"感知质量"，直接影响到顾客满意度水平，决定顾客未来是否会重复购买、是否会推荐他人购买。

小米手机成功的首要定律也是将产品做到极致。作为手机行业的后起之秀，小米手机拥有全球最好的原材料和供货商，其处理器用的是高通，屏幕是夏普，组装是富士通和英华达。小米刚成立时，市场上遍地都是售价在千元以内的手机。但是，为确保产品品质，小米第一款手机成本价高达 2000 元人民币，可以说是一种冒险入市的行为。在第一款手机成功推出后，随后的四年中小米公司只发布了六款手机。即使是最便宜的"红米 4G"手机，市场售价仅为 599 元，为保证产品品质也使用国内顶级供货商的零部件。以优质产品做基础，成立仅四年的小米手机目前已迅速成长为全球第三大手机品牌。

（二）第二条路径：通过品牌传播吸引顾客

如果企业在产品和服务方面已经很有竞争力，是否一定能成功？在现代经济中，不一定。与传统经济不同，现代经济中商品极大丰富，在每个产品类别中，都有成千上万的制造商。如果顾客对你的企业和产品一无所知，就不会购买。企业必须首先引起顾客的注意。

越来越多的企业意识到没有品牌传播，就没有品牌知名度和品牌新客户，这条路径已经成为现代企业的共识。品牌传播的目标有两个。一是提高品牌的知名度，积极向顾客推销自己，让顾客对品牌产生品牌认知，引导顾客的试探性购买；二是塑造积极、正面、独特的品牌形象，让顾客信任企业、信任品牌、信任产品。

这两条路径如同带动品牌创建走向成功的两个轮子。第一条路径很重要，如果没有让顾客满意的产品，品牌创建就无从谈起。第二条路径同样重要，在技术发展和制造能力提高产品越来越类似的情况下，品牌作为差异化竞争工具的作用变得越来越重要。同样的产品，如果品牌个性、品牌定位、品牌传播不同，其营销效果迥异。

在品牌创建过程中，必须将这两个路径放在同等重要的位置。如果只重产品不做品牌，就无法获取更多的品牌附加值；如果只做品牌不重视产品，销售热潮之后没有忠诚顾客的重复性购买，品牌只能昙花一现。

四、品牌竞争力提升的关键环节

品牌如何才能升值？这是我们最为关心的问题。弄清楚这个问题，企业才知道应该如何开展品牌创建活动，并提高品牌创建活动的针对性。

在品牌竞争力形成过程中，有各种各样的力量在发挥作用。经过大量文献研究，我们发现，品牌竞争力提升的关键在于提升顾客价值。品牌只有能够为顾客创造价值，才能与顾客建立良好关系，品牌价值和品牌影响力才能逐步提升。

（一）顾客价值是品牌竞争力提升的关键环节

1. 顾客价值概念

所谓顾客价值，是顾客对于价值的主观感知，可由顾客感知利益与顾客感知成本之差来进行衡量。顾客感知利益是指顾客购买产品和服务所获得的各种利益之和，如功能性利益、情感性利益、社会性利益等；顾客感知成本是顾客购买前后所付出的各种成本之和，包括财务成本（购买价格、交通费用、运输费用、安装费用）、时间成本（信息搜索时间、购买时间、订单处理时间、运输时间、安装时间）、风险成本（质量欠佳）等。

2. 顾客价值连接品牌传播与品牌认知

顾客价值是联系企业品牌创建活动和品牌创建目标的关键性构念。它是企业品牌创建活动——品牌传播要实现的顾客品牌认知的起点，同时又是企业品牌创建目标——品牌忠诚顾客增加及品牌价值提升必须满足的条件。

依据消费心理学的"认知——态度——行为"理论可知，顾客购买行为发生前，企业通过广告和营销终端活动向消费者传递品牌个性、产品功能与利益等信息，对消费者做出品牌承诺。受到企业品牌传播活动的影响，顾客对品牌产生一定的认知和联想，认为品牌产品的购买和消费会满足自己的功能性利益、情感性利益或社会性利益，形成一定的顾客价值期望，产生对该品牌的购买意愿。在某一恰当的时机，顾客会产生初次购买行为。初次购买行为发生之后，如果产品及服务表现符合顾客预期，令顾客满意，顾客就会表现出对品牌的认同和偏好及较高的再购意愿（态度忠诚），在行为上表现为稳定的重复购买与推荐他人购买（行为忠诚），成为品牌的忠诚顾客。忠诚顾客数量的增加和重复购买行为的增加，让企业的营销活动更有效果，市场绩效更好，品牌价值更高。因此，企业的品牌传播活动就是要让目标顾客感知到顾客价值，产生购买欲望，能够创造并满足顾客价值的品牌才能提升品牌价值。

（二）顾客价值的三个层次

品牌因为能够带给顾客各种感知利益，同时降低顾客的感知成本，因而具有顾客价值。从现有针对顾客价值的研究来看，顾客价值至少可分为三个层次（见图4-6）。

1. 顾客价值的第一层次：功能性价值

尽管品牌产品比无品牌产品的价格要高许多，但是大多数顾客还是愿意多花一些钱买个"放心""舒心"和"省心"。顾客之所以购买品牌产品感到"放心""舒心"和"省心"，正是因为所有知名品牌都具有功能性价值。

研究表明，品牌的功能性价值主要体现在三个方面：（1）品牌是一种质

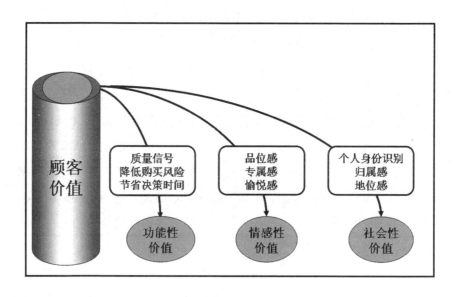

图 4-6　顾客价值的三个层次

量的信号。知名品牌的产品很少出现质量问题，产品功能性指标表现稳定，
顾客能够买得放心。（2）购买品牌产品的风险成本小，不会因为产品质量或
服务问题让顾客失望，顾客能够买得舒心。（3）购买品牌产品的时间成本低，
节省顾客购物决策时间、信息搜寻时间和比较时间，让顾客的购买选择过程
更有效，顾客能够买得省心。

　　对于顾客而言，品牌最基础的价值就是功能性价值。"贴牌产品大幅增值
完全是因为品牌价值。同一产品贴上知名商标后，其价值之所以增高，是因
为知名品牌意味着质量、售后服务等都有保证，消费者在选择知名品牌后，
可以节约大量的选择劳动"[1]（胡振华等，2013）。因此，品牌专家艾・里斯
和劳拉・里斯在《品牌22律》中指出：在多媒体的时代，一件产品口头上的
承诺，以及本质上的担保，是由它的品牌名所代表的，而不是由销售员的个
人推荐所代表的。在市场上，消费者并不关心产品是谁制造的，他们关心的

----

[1]　胡振华，刘国宜，王敏轶. 品牌价值来源的经济学研究［J］. 统计与决策，2013（4）：
　　　180-182.

是产品的质量是否有保障，信誉好不好？这是由品牌来实现的。①

2. 顾客价值的第二层次：情感性价值

有一位年轻人这样说：我非常佩服台湾人，他们非常善于把生意做成文化。台湾的农民也是生活得那样富有尊严。即便是一小包茶叶，一小袋咖啡，他们都能把它卖得那么精致，那么文艺，而且那么美好。农产品不仅仅是一份简单的农产品，在这份农产品背面，是土地，是文化，是情感。只有把农产品背后的"故事"讲好，才能卖出体现它价值的价格来②（周华诚，2014）。

这段话告诉我们，顾客购买产品不仅是满足自身的物质需求，还是因为产品中蕴含的情感因素满足了他们的精神需求。"越来越多的学者开始承认，消费者除了为产品的功能，也会为产品的形象，即产品和品牌的象征意义而购买产品"③（王长征，2007）。

产品是实的，品牌是虚的。只有融入了情感因素，品牌才能让顾客喜爱上它。知名品牌一直在研究顾客的情感需求，寻求顾客对品牌的情感认同。品牌的情感性价值主要体现在以下三个方面：（1）品位感。该品牌比其他品牌更能满足顾客对生活品位和品质的要求。（2）专属感。顾客对定制化、个性化的产品和服务越来越感兴趣，他们在消费某种品牌产品或服务的过程中，能够体验到专爱和专属感。（3）愉悦感。顾客在用户体验中，能够感到轻松，感到快乐，能够带来美好回忆，能够满足新鲜感、求知欲等某种渴望。

3. 顾客价值的第三层次：社会性价值

社会性价值指品牌能够为消费者带来有关某种社会群体的联想。主要体现在以下三个方面：（1）身份感。每个人都需要个人身份，品牌可以用于自我身份概念的识别，有助于顾客向其他人表明自己的身份。（2）归属感。每

---

① 艾·里斯，劳拉·里斯. 品牌 22 律 [M]. 北京：机械工业出版社，2013.

② 周华诚，一块水田和一季稻子的成长故事 [N]. 北京青年报，2014-10-14.

③ 王长征，寿志钢. 西方品牌形象及其管理理论研究综述 [J]. 外国经济与管理，2007（12）：15-22.

个人都需要社会身份，品牌具有社会群体的识别功能，有助于个人融入一个群体，或者向其他人表明自己不归属于某个群体。（3）地位感。某些品牌只有少数人能够消费，这类品牌带给消费者超越他人的尊贵感和地位感。

（三）品牌创建只可针对某一类顾客价值

企业不要试图用一个品牌针对太多顾客，也不要试图用一个品牌针对顾客的太多需求。品牌创建活动应该选择顾客价值中的某一个层次进行重点推广。

1. 针对功能性价值的品牌创建

如果是不知名品牌，要想获得顾客的认可，必须首先宣传其功能性价值。

以淘宝网为例，很多淘宝店铺出售的产品都是不知名品牌，或者根本就没有品牌。为了在激烈的市场竞争中脱颖而出，淘宝卖家采用多种方法，对产品和服务进行详细介绍。常用的方法包括：（1）证明产品值得信赖。例如，原材料是可靠的；生产工艺是安全的；产品已通过权威部门认证；产品外销欧、美、日本等发达国家，已达到出口标准；包装完善不会因长途运输对货物造成损害。（2）说明自家的服务承诺。例如，承诺七天无理由退货；已投保退货运输险可降低顾客退货成本。（3）买家评价很好。例如，使用买家评价截图，对提到的产品利益进行重点标注。（4）企业实力强。例如，生产规模很大，采用先进设备，有专业化服务团队。

对于知名品牌而言，在开展品牌创建活动时，已经不再需要宣传其功能性价值。但是，对于新开发的产品，或者新进入的产品品类，知名品牌还是有必要对产品的功能性价值进行介绍，以便获取顾客认可。

是否需要宣传产品的功能性价值还与产品类型有关。相对于消费品而言，工业品的买家更重视产品的内在价值，此时品牌就是一种代表功能性价值的信号。工业品制造商应该重点宣传其功能性价值而非情感性价值。在消费品中，相对于手表、外套等外显性消费品而言，内衣、洗衣粉等内隐性消费品的购买者更重视产品的功能性价值，因此企业也应重点传播功能性价值而非情感性价值。

2. 针对情感性价值的品牌创建

在产品同质化的今天，每一个产品类别中都有很多相互竞争的品牌，这些品牌项下的产品质量都是过关的，产品功能、外观设计、内在技术方面的差别也不大。在这种情况下，顾客会选择哪个品牌？其决策依据是什么？

当同类品牌都能满足顾客的需要时，那些蕴含着情感价值的品牌会受到顾客的青睐。大多数成功品牌，都在讲述一些美好的故事。例如，德芙巧克力讲述的是 20 世纪初卢森堡王室厨师对芭莎公主的爱恋，卡地亚珠宝讲述的是为英国温莎公爵夫人、威尔士亲王、西班牙王室、比利时王室等知名客户进行设计的独特。追求美好、享受生活是每个人内心的梦想，也是这些品牌着力打造的故事主题。

"传统营销在本质上大多专注于诉求产品的功能与效益，偏重描述产品特性，以差异化的产品特性来获取消费者的青睐。而在产品同质化日益严重的今天，消费者在关注产品品质的同时，更加看重产品或品牌带来的体验"[1]（姚琦，2011）。国内自媒体"罗辑思维"——号称中国最有影响力的互联网知识社群和微信公众号，在 2014 年中秋节前夕卖月饼，售价 199 元；在 2015 年春节来临之际又开卖"饺子套装"，包括一个擀面杖、几双筷子和几个碟子，售价 368 元一套。为什么"罗辑思维"的产品卖得如此之贵？原因在于他们很会讲故事。当春节的脚步越来越近之时，无法归乡的人们内心多少有一些惆怅。准确地把握这种精神需求，推出做饺子用的"饺子套装"，让这种文化产品寄托客户的情感需求。

因此，已经具有一定知名度的企业在做品牌规划和品牌传播时，必须找准目标顾客的情感需要，赋予品牌一定的象征意义，让顾客在购买产品后能够得到更多的轻松感、快乐感、怀旧感、刺激感、新鲜感、专爱感、品质感等情感满足。

---

① 姚琦. 品牌体验研究的理论回顾与展望［J］. 商业时代，2011（16）：21-22.

3. 针对社会性价值的品牌创建

如果品牌能够通过品牌营销和品牌传播将自身与某个社会群体联系起来，看社会公众宣传品牌的目标顾客群体是哪一类别的人群，那么符合这个目标顾客群体特征的消费者就会成为品牌的消费者，以实现个人身份的识别；想进入这个群体的人们也会通过对该品牌产品的消费来满足社会身份识别的需求。例如，济南的银座商城把中高收入阶层作为其目标客户，能够进驻商场的都是一些高价优质品牌。消费者在银座商城消费之后感到"有面子"，会把在银座商城购物的经历与周围人分享，以实现对个人身份的识别以及对"中高收入阶层"的归属，满足自我表现的精神需求。

还有一些品牌，主要是奢侈品品牌，则注重对地位感的打造。由于原材料的稀缺、选材的严苛、手工的烦琐、细节的精巧、品牌的高端定位、悠久的品牌历史等原因，价格高昂成为奢侈品品牌的标签，非普通人所能承受，这类品牌成为少数富裕阶层消费者彰显身份和地位的首选。

五、山东省国有企业品牌培育对策

当国内外需求不断增加时，市场需求的快速放大，让品牌经营能力并不强大的企业也有发展的空间。但是，当经济发展遭遇需求萎缩、需求结构升级，如果不能及时调整经济发展方式，就会遭遇经济发展瓶颈。在中国经济发展进入"新常态"之际，山东省国有企业的品牌培育应该从哪些方面入手？企业应该关注哪些问题？政府主管部门应该如何推动？本部分将对这几个问题进行探讨。

（一）企业层面的品牌培育对策

在市场竞争越来越激烈的时代，知名品牌是企业实力的集中体现。顾客的品牌忠诚确保了企业营销效率，政府、媒体、公众、社区、渠道商等外部利益相关者的品牌态度决定了企业未来发展空间，实施品牌化战略已经成为企业可持续发展的必然选择。在中国经济"新常态"大背景下，未来企业增长将会更多依赖品牌升级拉动，才能避免劳动力成本上升、内需不振的不利影响。

如前所述，品牌竞争力提升受企业内外部多种因素共同驱动，是各方面因素合力作用的结果。推动品牌竞争力形成的影响因素如此之多，让品牌创建不可能一蹴而就。为此，山东省国有企业应该抓住品牌创建的几个关键环节。

1. 确保产品品质，提升顾客价值和用户体验

良好的产品体验是知名品牌赢得顾客的利器。品牌知名度确立以后，如果顾客慕名而来，但是产品和服务达不到顾客期望，那么品牌知名度就无法演变成品牌美誉度和品牌忠诚度。因此，品牌创建不能流于表面，还必须狠练"内功"。

打造品牌首先依靠的就是过硬的产品质量和优质的服务。国有企业在这方面有得天独厚的先天优势。很多顾客在选购商品时，如果没有特别偏好的品牌，需要在国有企业和民营企业产品之间进行选择时，他们通常会选择国有企业的产品。在顾客心目中，他们感觉国有企业不会偷工减料、不会搞花架子，尽管式样不一定新潮，但是品质管控方面应该没有大问题。顾客的这种信任来自国有企业对品质一贯的坚持，是国有企业长期积累形成的无形资产，也是国有企业参与市场竞争具有的先天优势。国有企业应该珍惜这种信任，不断提升产品品质，以优质的产品和优质的服务获得顾客青睐，夯实品牌创建基础。

当然，提升顾客价值和用户体验才是赢得顾客青睐的关键。企业通过提升顾客价值获得市场空间，其核心在于赢得顾客，而非打败竞争对手。只有为顾客提供差异化产品、差异化服务和超值顾客价值，才能让企业从市场竞争中脱颖而出。这不仅需要企业能敏锐地发现客户的潜在需求，还要求企业在产品开发和自主创新方面进行相应投入。产品创新、服务创新和价值创新是新的竞争战略，是品牌创建的重要支撑。

综上所述，品牌战略规划、专业化品牌管理、良好的品牌体验是企业创建知名品牌的三个关键环节。国有企业要实现品牌价值提升的总体目标，就

必须在现有资源基础上明确品牌创建的整体作用机制。国有企业大多拥有自主品牌，是品牌的所有权人和具体使用人。只有充分发挥国有企业的主体作用，品牌建设才有可能取得丰硕成果。

2. 企业高层负责品牌战略规划

企业高层管理者要深入洞察行业发展趋势，同时还要搞好企业内部管理，无论哪一件做得不好都会影响企业发展。在企业高层兼顾的多个领域中，品牌建设应该是高层的管理重点之一。

企业高管在品牌建设方面，应把主要精力放在以下两方面：

第一，品牌化决策。品牌化决策意味着企业高层要决定本企业是否有实力、有可能、有必要实施品牌化发展战略。尽管知名品牌能够获取更高收益，但是品牌化需要大量的广告投入、经常性的品牌策划、持续不断的品牌营销，单纯的一次性投入不可能取得立竿见影的效果。这就需要企业高层综合考虑产品类型、行业发展前景和产业成熟度，确认本企业能否适应更为长远的品牌经营理念。

第二，品牌因素规划。品牌因素规划决策意味着企业高层要借助外部机构帮助，确定品牌标识、品牌定位和品牌个性等品牌要素。通过专业、细致、系统性的品牌规划，在企业层面形成统一的品牌标识、鲜明的品牌个性、差异化的品牌定位，最终目的是在顾客心中形成正面、鲜明而差异化的品牌形象。

3. 重视品牌建设和日常监管

品牌战略规划需要落实到企业日常管理之中。品牌的日常管理应注意以下三个方面：

第一，坚持对品牌的持续投资。和其他资产一样，品牌这种无形资产也需要不断投资、不断维护。品牌建设是一个长期过程，需要大量的资金投入，资金实力对于品牌建设具有至关重要的意义。由于实行价值竞争策略，在营销中不会通过降价促销争夺市场，并且短期内会影响产品销售方面的表现，持续不断的资源投入和短期内销售数量的不佳表现，会对企业经营造成压力，所以企业必须具有持续的资源投入和一定的资金实力才能挺过难关。

第二，关注品牌内部建设。品牌不仅仅是营销部门的营销手段，也是企业内部多部门共同维护的重要资产。在企业内部，应该不定期地对不同层次的管理人员、基层员工、供应商、渠道商宣传本企业的品牌文化和品牌价值观，确保每个员工都能了解品牌历史、品牌愿景、品牌发展现状，增强他们对品牌发展的信心。我们应该像学习国际先进技术一样，学习全球知名企业的品牌管理方法，围绕品牌资产增值制定本企业的发展规划和营销策略，把品牌资产变成企业的常青基因。

第三，完善品牌管理流程。在调研中我们发现，尽管很多企业已经与外部机构合作进行过品牌战略规划，但在企业内部缺乏品牌管理部门，缺乏对品牌建设绩效的年度评估。欧美公司内部大都设有专门机构负责品牌的日常管理，其基本职责是对品牌策划进行跟进，对品牌传播内容和效果进行监控，对品牌内部建设进行落实，对品牌资产增值绩效进行评估，对品牌信息平台进行管理。在品牌营销过程中，他们负责制定品牌营销方案，从品牌管理角度对整个产品的设计和营销组合作统一部署，关注影响顾客品牌认识的新途径——社会营销、他人评价、品牌社群等，多方面了解目标顾客常用的媒体类型、信息源和信息类型，全方位、多角度、不间断地与顾客互动，并在这种互动中建立良好的品牌关系。

（二）政府主管部门的品牌培育对策

企业品牌创建不仅需要微观层面企业主体的不懈努力，还需要政府发挥引导作用，创造有利品牌创建的良好环境。在山东省品牌持续迈向高端的过程中，来自政府层面的规划与推动功不可没。山东省聚焦加快新旧动能转换首要任务，加强顶层设计，围绕打造"好客山东·好品山东"品牌体系，制定"好品山东"区域公共品牌建设推进方案，2022 年首批 223 个"好品山东"品牌名单出台。同时，推出 880 家高端品牌培育企业，加快了品牌高端化进程。

为充分发挥企业创建品牌的积极性，在国有企业品牌创建工作中，政府主管部门可以从以下几个方面入手。

1. 重视国有企业品牌建设工作

我国现行经济体制决定了国有企业发展道路与政府宏观政策息息相关，政府部门的改革思路直接决定国有企业的改革方向。国有企业的所有权性质在一定程度上导致国有企业的市场竞争意识较弱，品牌经营的内生动力相对较弱。政府主管部门对国有企业品牌建设的重视和积极引导，将有效推进当地国有企业的品牌创建工作，确立国有企业创建知名品牌的信念，形成良好的品牌建设氛围。

在国有企业考核方面，国资委应把企业品牌建设作为推动企业转型升级的重要内容，在国有企业年度考核中加入商标运用和品牌保护等品牌建设内容，并对取得中国著名商标、中国名牌、国家免检产品、山东省著名商标、各市知名商标、地理证明商标、国际注册商标的企业进行补贴和奖励。在国企改革方面，应该淡化任期和年龄，强化经营目标约束与履职能力，从而解决品牌成长或规划实施的持续一致性。

在国有企业评价方面，政府主管部门要调整对企业贡献的评价指标，引入自主商标数量、有效商标注册总量、马德里商标国际注册总量、知名商标数量、品牌价值提升等评价指标，引导企业向可持续发展方向发展。

在自主品牌建设和商标注册方面，应及时出台加强国有企业自主品牌建设的工作意见，引导全省各级国有企业制定本企业品牌建设规划和商标发展规划，明确一定时期内的品牌建设目标，有计划、有重点、有步骤地实施商标发展战略，打造知名品牌，多渠道申报驰名商标，切实解决国有企业在品牌经营中遇到的疑难问题。

2. 建立多层次品牌创建支持体系

国有企业品牌创建是一项系统工程，受当地经济发展水平和政策法规等外部环境的直接影响。政府作为地区经济发展的重要推动者和地方法规制度的制定者，可为企业品牌创建营造良好的环境，有效激发企业创建品牌的热情。同时政府主管部门应该用政策方面的微刺激，激发企业作为市场主体的内在动力。

建立适宜品牌成长的品牌生态环境对促进自主品牌发展非常重要。从宏观层面看，应构建促进自主品牌成长、品牌保护、品牌推广的多层次支持体系，大力支持企业创牌工作，建立品牌培育奖励政策、品牌价值评价制度、自主创新激励制度，加强监管，反对假冒和侵权行为，建立公平竞争的市场秩序，充分发挥企业创建自主品牌的积极性，推动企业品牌转型升级。

在地区层面，政府主管部门应通过区域规划和产业政策引导品牌发展方向；围绕企业品牌规划、品牌传播、品牌管理和品牌保护等不同环节，举办专题培训活动，加强对企业品牌创建的宣传推广、人员培训和信息咨询服务，为企业品牌培育提供有力支撑；利用政府门户网站、旅游网站、行业网站、行业会展等方式推广本地知名品牌；在政府采购中确保本地品牌优先准入；出台税费支持政策，切实增强国有企业品牌的增长动力。

3. 强化产业集群效应，努力打造区域品牌

山东省各地在发展经济的同时，也要重视产业集群和区域品牌升级对经济增长的带动作用。省管国有企业是山东省各行各业的支柱企业，可以成为区域经济发展的龙头。地市级政府主管部门要积极制定区域品牌建设的发展规划，把区域品牌培育纳入地区发展总体规划中，用创建知名品牌的方式转变经济增长动力，增强产业发展后劲。

在区域品牌创建中，政府发挥的是支持引导作用，遵循"政府推动、企业主导"原则，扬长避短，从实际出发，在具有竞争优势的区域市场和重点行业取得快速发展，不要在全省范围内"铺摊子"。各地市可以根据本地区的特色资源、产业优势、知名企业情况，科学规划区域品牌的培育重点，集中精力和资源，打造一批有影响力的企业集群基地，发挥产业集群效应。

在相关政策支持和带动下，发挥大型国有企业的整体优势，整合品牌创建资源，突破静态、封闭、分散的瓶颈制约，转向开放和一体化的新模式，带动同一区域相关产品品牌的崛起，从而形成高知名度的区域品牌。通过建立必要的合作机制和统一规划，为区域品牌注册和推广提供资金支持，加强对区域品牌使用的宣传和监管。通过知名企业和知名品牌引导产业结构升级

与调整，推动特色产业做大做强，打造具有竞争优势的区域工业或服务业品牌，实现由知名产品品牌和企业品牌向区域产业品牌和地理品牌的跨越。通过区域品牌的辐射和协同作用，带动区域内同类型中小企业发展，实现区域内优势资源的共享，形成配套性中小企业共同成长的良性局面。

省国资委、省市场监督管理局应当紧密合作，加强对国有企业品牌建设工作的组织领导，提出工作目标，明确重点方向，发挥各自职能优势，共同推进国有企业品牌建设工作。在条件成熟的基础上，积极向国家有关部门争取对专业集群基地的命名，逐步扩大区域集群品牌的知名度。

山东省是国有经济大省。截至2021年底，由省国资委履行出资人职责的省管企业25户，省属企业资产总额41739亿元。省属企业营业收入、利润总额、净利润、资产总额四项指标分别居全国省级监管企业第2、3、3、4位。尽管山东省国有企业品牌数量与品牌价值都呈增长趋势，但是相对于山东省在全国经济发展中的重要地位，山东省国有企业拥有的名牌数量和品牌价值增长速度缓慢。为此，无论是国有企业管理者，还是国有资产管理者，都应该强化品牌经营意识，增强品牌对国有企业可持续发展作用的认识。作为国有企业管理者，要从品牌战略规划、品牌专业化管理、品牌体验等几个方面加强对本企业品牌的管控。作为国有资产监管者，要从重视国有企业品牌建设、建立多层次品牌创建支持体系、打造区域品牌等几个方面为国有企业品牌创建创造良好环境。

第二节 山东省装备制造品牌升级研究

装备制造业是为国民经济各部门进行简单再生产和扩大再生产提供装备的制造业总称，承担着为国民经济各部门提供工作母机、带动相关产业发展的重任。拥有知名品牌对企业可持续发展具有重要意义。本书通过实地调研和问卷调查（附录 2），对山东省装备制造业企业品牌经营情况进行分析，为进一步研究品牌升级路径及相关对策建议奠定基础。

一、装备制造企业为什么要打造知名品牌

装备制造业处于制造业的核心，是国民经济的重要产业部门。装备制造业不仅是资本密集型产业，也是技术密集型产业，从生产角度来看，汽车制造、数控机床、发电设备、轨道交通设备、通信设备制造等装备行业，初始投资金额巨大，投资周期长，生产工艺复杂，产品技术含量高，产品按单制造，对企业资金实力、管理机制、研发投入、技术创新实力、生产配套能力都提出了很高要求，其产品和客户均具有不同于其他行业的特点。

（一）装备制造企业的产品特征

装备制造业的产品范围很广。按照我国现行国民经济行业分类标准，装备制造业的产品范围涵盖金属制品、通用设备、专用设备、交通运输设备、电气机械及器材、通信设备计算机及其他电子设备、仪器仪表及文化办公用机械等七个行业大类。

从产品用途来看，装备制造业的产品隶属于工业品。客户购买后，将之作为固定资产用于日常经营。客户购买目的、购买方式、购买数量与消费品相比存在较大差异。

从产品工艺来看，装备制造业产品生产工艺复杂，技术含量高，仅依靠产品外观很难判断其质量好坏，客户在使用过程中才能对产品质量有准确感知。在此情境下，装备制造业的客户通常不愿意进行品牌转换，更愿意依据过往经验和口碑传播做出购买决策。

从产品使用来看，装备制造业产品的售前和售后都需要提供更多附加服务和后续服务。由于服务是否及时直接影响客户生产经营活动能否顺利进行，因此客户更愿意和能够提供优质服务的企业进行交易，愿意为优质服务支付合理价格。即使产品初始售价较高，考虑到未来可能需要的服务，客户也能够接受较高价格，对产品的价格敏感度小于普通消费品购买者。

（二）装备制造企业的客户特征

从客户来源来看，装备制造业客户都是企业客户。这些企业客户购买装备后，就会把这些产品作为生产设备，用于自身生产运营。这些企业客户尽管数量不是很大，但是购买批次多，购买指向性明确。

从客户购买行为来看，装备制造业客户购买更为理性。装备制造业产品的高技术含量、高复杂性、高感知风险使得购买决策过程较为复杂，购买过程既需要专业技术人员参与，也需要财务、采购等不同部门人员参与，购买参与人员众多，分别承担发起者、影响者、决策者、购买者、使用者等不同的购买角色。购买者的专业性使得购买者购买过程中更为理性，更看重所购买产品的质量、交货期、服务水平等硬性指标，不太看重产品的款式和包装等外观要素，对价格相对不太敏感。

从客户感知来看，装备制造业客户感知风险较大。装备制造业产品价格一般较高，巨额购买成本、使用过程的配件成本、使用中出现的风险成本，都让客户的购买决策更为慎重，购买决策周期长。由于感知风险大，客户通常愿意与特定供应商建立长期关系，一般不轻易接受新供应商，也不愿意轻易进行品牌转换，以便获得特定供应商的长期全面解决方案。

（三）装备制造业客户青睐名牌产品

很多装备制造业企业抱怨其客户宁愿花高价购买国外知名企业的产品，也不愿意购买性价比更高的国内企业产品。为什么客户会做出这样的选择？其背后的原因是什么？弄清楚这个问题，企业才知道应该如何开展营销和品牌创建活动。

装备制造业客户更愿意购买知名品牌产品，其原因正是因为购买知名品牌能够获得更高顾客价值。

1. 顾客价值对客户购买的影响

在营销学中，"顾客价值"这个概念说明的是顾客购买商品所得到的利益和所花费的代价之间的差额。顾客在进行购买决策时，对全部付出之后可获取的全部利益进行权衡，形成关于价值的总体判断，然后从那些提供最高顾客价值的企业购买产品和服务。

关于顾客价值的基本结论主要包括以下几个方面。

第一，顾客价值可由顾客感知利益与顾客感知成本之差来进行衡量。顾客在描述价值时，不仅考虑得到的全部利益，也权衡付出的各种成本（金钱、时间、努力等）。不同顾客的关注点不同，有的顾客只关心付出的多少，有的顾客则关心获得利益的多少。因此，顾客价值是一种总体评价，顾客会根据其感知到的价值做出购买决定，并非仅仅考虑成本，或者仅仅考虑利益。如果总体评价结果是肯定的，产品和服务对于顾客而言就具有价值，顾客就处于满意状态。

第二，顾客价值是顾客对于价值的主观感知，具有主观性和个性化特点。对于同一产品，不同顾客的感知价值是不同的。因此，顾客价值也被称作顾客感知价值。

第三，顾客价值具有层次性。在关心利益的顾客中，有的顾客关心的是质量好坏、功能是否齐全、未来使用过程中是否方便，有的顾客关心同样价格所获得的产品数量和技术支持，还有的顾客更看重产品带来的情感利益和社会利益。

第四，顾客价值具有动态性特点。随着时间推移，同一顾客所关注的顾客价值要素可能会不同。同一顾客在选择、购买、使用过程中，有不同的感知价值；同一顾客初次购买、再次购买、长期购买、不再购买的过程中，其价值评价标准越来越全面而抽象。

2. 知名品牌提升了顾客价值

首先，知名品牌提升了顾客感知利益。

所谓顾客感知利益是指顾客购买产品和服务所获得的各种利益之和。大多数关于顾客感知利益的研究，将顾客感知利益分成功能性利益、情感性利益、社会性利益这三种类型，还有的研究增加了认知性利益和条件性利益①

---

① SHETH J N, NEWMAN B I, GROSS B L. Why We Buy What We Buy：A Theory of Consumption Values ［J］. Journal of Business Research, 1991, 22 （2）：159-170.

（Sheth et al，1991）。所谓功能性利益，就是在产品购买和消费过程中由产品或服务本身带来的需求满足。所谓情感性利益，就是在所有可供选择的产品中通过现有产品的购买所获得的心理满足，如品位感、愉悦感、专属感、新鲜感、安全感、亲近感等。所谓社会性利益，就是产品或服务消费对消费者个人身份识别、自我形象、自我区别意识、角色地位的满足，让消费者具有身份感、归属感、尊贵感等。

与不知名品牌相比，知名品牌的顾客感知利益更高。首先，知名品牌良好的产品质量和性能，能带给顾客更多功能性利益。其次，知名品牌深厚的文化底蕴和优质服务，能带给顾客更多情感性利益。特别是，知名品牌在业内的良好信誉和影响力，让产品使用者众多，顾客能够感知到强烈的归属感和地位感，社会性利益更大。

其次，知名品牌降低了顾客感知成本。

所谓顾客感知成本，是指顾客购买前后所付出的各种成本之和，不仅包括货币成本（购买价格、交通成本、运输成本、安装成本、维修保养成本、相关使用成本），还包括时间成本（信息搜索时间、购买时间、订单处理时间、运输时间、安装时间、维修时间、等待时间）、努力成本（学习和比较时的脑力耗费、购买时的体力耗费）以及风险成本（质量欠佳、维修无保障、采购失败和表现不佳带来的心理压力）。

在日常消费中，有的顾客关心所付出的金钱，另外一些顾客关心付出的时间和努力。这些因素在工业品采购中也有所体现。知名品牌的良好信誉，有助于简化客户购买决策，不仅能够减少顾客购买前的信息搜索时间，降低时间成本，还能减少顾客购买前学习和比较时的脑力耗费，降低努力成本。尤其是知名品牌大都拥有良好的客户服务体系，能够降低客户购买的风险成本，这是知名品牌吸引企业客户的重要因素。尽管知名品牌的产品购买价格更高，维修保养成本更高，顾客也愿意接受这种价格方面的溢价。

综上所述，在装备制造业中，品牌是影响顾客购买决策的重要因素。对于顾客而言，采购知名品牌产品，能够增加感知利益，降低感知成本，最终获得更高顾客价值。这就解释了为什么在装备制造业中，客户宁愿花高价购买知名品牌产品，而非性价比更高的不知名品牌产品。购买知名品牌，可有效降低客户感知风险，较容易在采购小组中达成一致意见，减轻决策者承受的舆论压力，因此品牌因素在装备制造业客户购买中发挥着相当重要的作用。

二、山东省装备制造企业品牌经营情况

山东省是装备制造大省，装备制造业连续多年保持快速发展，形成门类齐全、规模较大、技术水平先进的产业体系，成为全国重要的高端装备制造基地。2021 年，山东省全省规模以上装备制造业企业 9688 家，实现营业收入 2.4 万亿元，位居全国第四位。其中，高端装备制造业营业收入已达 1 万亿元。农业机械、机械基础件、铸造 3 个行业居全国首位；工程机械、内燃机、医疗设备 3 个行业居全国第二位；船舶和海洋工程装备、轨道交通装备、汽车行业居全国第三位。

作为优势产业，高端装备入选山东省重点发展的"十强"产业，拥有一大批高端装备制造业龙头企业，涌现出一大批在国内外具有竞争力和影响力的知名品牌。为打响"山东装备"品牌，山东省《高端装备产业 2022 年行动计划》提出，要"发挥山东省省长质量奖示范引领作用，强化企业产品质量控制，通过优质产品和服务提升企业品牌"，"到 2022 年年底，打造 30 个以上在全国具有知名度的高端装备品牌"。山东省装备制造企业有必要在巩固已有规模和产品优势的基础上，进一步提升品牌竞争力和全球影响力。

（一）山东省装备制造业企业品牌建设现状

实地调研可以掌握企业品牌经营的第一手资料。为此，我们设计了调查问卷，问卷包括 29 个问题，由 27 个客观题和 2 个主观题构成（见附录2）。在 27 个客观题中，有 7 个问题与企业基本情况相关，其他 20 个问题围绕品牌经营中的品牌意识、品牌战略规划、品牌创建活动、品牌绩效、品牌营销状况、品牌国际化战略等研究主题展开。在 2 个主观题中，一个问题关注被调研人对企业品牌竞争力提升举措的认识，另一个则关注被调研人对品牌国际化水平的认识。

我们在装备制造业七大门类中选择了 60 家重点企业进行问卷调查和访谈。这 60 家企业都是拥有自主品牌、年主营业务收入在 2000 万元以上的规模以上企业，在各自行业大类中都属于行业骨干企业。经过审核，部分调研问卷中的问题答复有漏项，被认定是不合格问卷。剔除不合格问卷 27 份，共得到有效问卷 33 份，有效回收率 55%。

基于样本企业的一手调查资料，山东省装备制造企业在品牌意识、品牌战略规划、品牌创建活动、品牌绩效评估、品牌营销状况等方面呈现出如下特征。

1. 品牌规划时间早

根据有效问卷的统计，33 家装备制造业样本企业都进行了品牌战略规划。参与品牌规划的人员主要是以总经理为代表的高管人员、部分营销管理和研发部门人员，反映出山东省装备制造业企业对品牌战略规划的重视。

就时间而言，山东省装备制造业企业开始品牌规划的时间较早。2000 年之前做品牌规划的装备制造业企业占 45.5%，2001－2010 年做品牌规划的装备制造业企业占 36.4%，其余 18.1% 的装备制造业企业在 2011 年之后进行过品牌规划。从开展品牌规划的时间来看，各地区装备制造业企业之间存在一定差异，但差异不明显。值得注意的是，中部地区装备制造业企业开展品牌规划的时间较早，2010 年之前进行品牌规划的占比为 93%，明显高于东部装备制造业企业 77% 的占比和西部装备制造业企业 67% 的占比。另外，在 15 家 2000 年之前进行品牌规划的装备制造业企业中，有 7 家来自中部地区的济南市和泰安市。

就行业而言，在 2000 年之前进行品牌规划的比例最高的三个行业大类依次为通用设备制造业（75%）、电气机械及器材制造业（66.7%）和交通运输设备制造业（55.6%）。其中，机床、汽车及零部件制造和电工电气制造企业开展品牌规划的时间普遍较早。

在品牌意识方面，31 家装备制造业样本企业管理者认为品牌对于企业经营的作用很重要，2 家认为比较重要，体现出非常强烈的品牌意识。

关于品牌创建三项关键要素的回答，装备制造业企业中高层管理者的认识比较集中，按照频次高低依次为品牌产品的研发、品牌战略规划和品牌的外部传播三个方面（见图 4-8）。

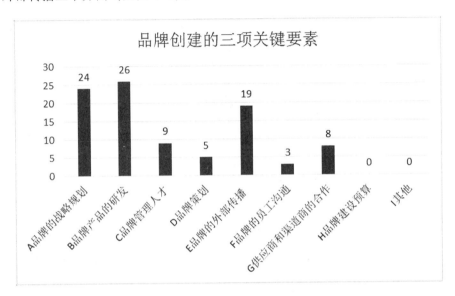

图 4-8　品牌创建的三项关键要素

2. 品牌设计由企业主导

品牌标识不仅是品牌资产的关键要素，也是开展品牌战略规划不可或缺的步骤。

山东省装备制造业企业普遍重视品牌标识的设计。在回收的 33 份有效问卷中，32 家企业对品牌标识进行了专门设计，只有 1 家企业没有对品牌标识进行设计。这家没有对品牌标识进行设计的企业也许没有真正做过品牌战略规划。

就品牌标识设计来源而言，超过一半的企业是企业自己设计，企业和外部机构合作设计的占 25%。也就是说，绝大多数企业主导或参与了品牌标识设计（见图 4-9）。

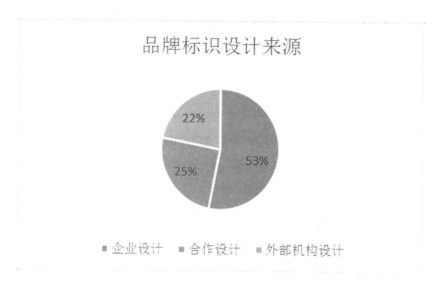

图4-9 品牌标识设计来源

3. 品牌内外部传播并重

调查发现，山东省装备制造业企业品牌传播主题与企业品牌核心价值具有高度一致性，体现出品牌传播的价值导向。

在调查问卷中，装备制造业企业描述品牌核心价值的高频词汇是创新、品质、技术、专业、服务、诚信。而出现在品牌传播主题中的高频词汇是创新、品质、服务、诚信、领先。这些高频词汇既反映出山东省装备制造企业品牌注重产品质量和技术，注重服务支持的特点，也突出了创新的时代主旋律。

一些实力强大的企业更是瞄准了国内领先和国际领先的品牌目标。例如，中通客车控股股份有限公司瞄准的是"中国节能与新能源客车领导品牌"；青岛科泰重工机械有限公司提出成为"世界级筑路专家"。近两年海外市场收入超过国内市场收入三倍的山东科瑞石油控股集团有限公司秉承"创新、责任、开放"的品牌核心价值，决心成为"全球油气综合解决方案领先者"。①

---

① 张鹏，吕艳玲，王兴元，等. 加快山东装备制造业品牌升级研究 [R]. 济南：山东省社会科学规划办公室，2016：9.

山东省装备制造企业不仅重视面向顾客的外部品牌传播，而且开展了多样化的针对企业内部员工及利益相关者的品牌传播活动，形成了全方位、多样化的立体品牌传播。面向员工的品牌活动形式主要有：员工培训，员工参与设计企业理念、标志、广告语，企业文化知识竞赛，召开职代会，建立公众订阅号等。面向供应商和经销商或分销商的品牌活动形式主要有：品牌联谊和交流活动，招商会，供应商年会，经销商年会，国内外展会，广告支持，客户体验活动等。

就品牌传播途径而言，传统媒体和网络媒体并驾齐驱。前四位使用较多的品牌传播途径是网站、报纸杂志、电视和赞助活动等。不同地区、不同行业装备制造企业在品牌传播途径的选择上差异性并不明显。

4. 品牌感知价值以功能性价值为主

品牌竞争力的根本来源是顾客价值，即顾客感知到的由品牌创造和传递的功能价值、情感价值和社会价值。

针对山东省装备制造业企业品牌价值表现的调查发现，顾客认同度较高的集中在"产品质量好""品牌知名度高、声誉好""产品性价比高"和"品牌服务周到细致"等三个方面。

顾客认同度较低的是"产品购买便利""个性化定制""品牌能引发用户的情感共鸣"以及"品牌能够彰显用户的身份地位"等三个主要方面（见图4-10）。

由此可以看出，山东省装备制造企业品牌创造和传递的功能性价值比较突出，社会价值和情感价值较低。

5. 实施品牌国际化战略企业多

在品牌国际化战略方面，76%的装备制造企业具有明确的品牌国际化战略，体现出较强的品牌国际化意识。实施品牌国际化战略在五年以上的占半数以上。十年前就已开始品牌国际化战略规划的企业占28%，主要是汽车和零部件企业、机床企业和石油化工企业。

山东省装备制造企业进入国际市场的方式多样。调查发现，40%多的企

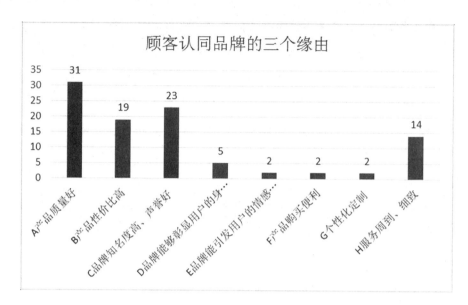

图 4-10　品牌的顾客感知价值

业选择了三种以上的国际市场进入方式。居于前两位的国际市场进入方式是出口贸易和建立海外销售机构，其次是战略联盟和建立海外生产机构。选择贴牌生产和许可经营等自主性不高的方式的企业较少，选择比较激进的并购方式的企业最少。

　　在国际目标市场的选择方面，山东省 64% 的装备制造企业选择进入发展中国家，采取循序渐进方式开拓国际市场，创建国际品牌。最终目标市场锁定在发达国家的企业占到总数的 84%。由此看出，山东省装备制造企业在品牌国际化长远目标上是比较进取的。

　　山东省装备制造企业对于自身品牌在国际市场上的地位认知比较乐观。其中，认为本企业产品在国际市场上具有绝对优势和相对优势的占 46%，认为处于一般地位的占 38%。没有企业认为自己的品牌产品在国际市场竞争中处于绝对劣势。

　　调研结果显示，绝大多数企业具有明确的品牌战略规划和较强的自主品牌意识，对品牌创建关键要素认识一致。品牌建设有组织，品牌营销有举措，品牌传播呈现出价值导向、全方位和多样化特点，品牌的顾客感知价值以功能性价值为主，品牌产品在国内外市场具有比较显著的竞争优势。在品牌国际化方面，七成以上接受调研的装备制造业重点企业具有明确的品牌国际化战略；六成以上的企业其国际目标市场是发展中国家；大多数企业采取多种国际市场进入方式，以稳健的出口、海外布点、战略联盟、海外生产等方式开拓国际市场；接近一半的企业认为本企业产品在国际市场具有绝对优势和相对优势，近四成企业认为产品处于一般地位。

（二）山东省装备制造业企业品牌建设问题

通过调查和访谈，我们也发现山东省装备制造企业在品牌经营和品牌培育方面存在若干问题。

1. 品牌组织建设亟须加强

在做过品牌战略规划的装备制造业企业中，绝大部分企业都有专门部门负责品牌的日常管理和绩效评价。但实施日常品牌管理的部门各异，有营销部、人力资源部、企业文化部、综合管理部、品牌策划部等。

从这一点可以看出，山东省装备制造业企业尚未设立专门的品牌管理机构。究其原因，一方面是专业的品牌管理人才短缺；另一方面，有限的品牌人力资源分散在企业不同部门，没能形成合力，品牌的组织建设亟须加强。

2. 品牌互动沟通不足

调查发现，山东省装备制造企业面向内部员工和新生代消费者的品牌互动沟通不足。尽管围绕品牌创建的互动活动已引起企业关注，但是在有效样本的 33 家企业当中，只有 8 家企业曾经通过品牌社区、品牌论坛、品牌俱乐部等途径，开展面向员工和新时代消费者的品牌交流和互动活动。造成这个问题的原因可能有预算的约束，主要原因可能在于这些企业缺乏对新媒体传播的了解及相应对策。

尽管装备制造业企业的品牌传播途径多样，但是品牌传播中缺乏整体策划，没能形成品牌价值宣传的一致性和连贯性，各种传播形式和传播途径项下的品牌传播内容有待整合。

3. 品牌溢价普遍不明显

品牌溢价是品牌竞争力的具体体现。

调查发现，山东省装备制造业企业产品有一定程度的品牌溢价，但优势并不明显。与行业平均价格水平比较，品牌溢价 20% 以上的仅占 6%，溢价 10%~20% 的占 9%，67% 的企业其品牌产品价格与平均价格持平。由此可见，山东省装备制造品牌虽然在市场上取得了一定竞争优势，但多数品牌的附加值并不高，近七成装备制造业企业没能获得品牌超额利润。

品牌溢价不高，反映出山东省装备制造业企业品牌附加值较低。造成这个问题的原因比较复杂。从顾客感知价值的角度来看，由于情感价值不突出，品牌产品难以激发顾客的情感共鸣，独特性和不可或缺性降低，从而难以获得较高的品牌溢价。从市场竞争的角度，企业在品牌营销方面投入不足，尤其是品牌传播力度不够，导致品牌知名度不高，从而难以制定较高的价格。另外，研发投入不足导致的产品创新乏力也是导致品牌附加值不高的原因之一。

4. 品牌海外销售比例较低

山东省装备制造业企业数量众多，但是产品能够真正打开海外市场、海外销售份额较大的企业较少。[①] 在我们的调查中，只有山东科瑞石油控股集团有限公司、胜利油田孚瑞特石油设备有限责任公司、中通客车控股股份有限公司、济南二机床集团有限公司、海尔集团等少数几家企业国外市场份额比较乐观。

造成这种状况的原因是多方面的，既有品牌规划和管理人才的缺乏，也有关键技术不掌握、整体技术水平不高的制约，还面临国际市场对中国制造"质低价廉"刻板印象和文化差异的挑战。

总体来看，在品牌经营和品牌培育方面，山东省装备制造业品牌建设问题主要表现为企业内部的品牌组织建设亟须加强，品牌互动沟通不足，品牌溢价普遍不明显，品牌产品海外销售比例低等。

---

① 张鹏，吕艳玲，王兴元，等．加快山东装备制造业品牌升级研究［R］．济南：山东省社会科学规划办公室，2016：13.

三、装备制造品牌国内升级方式

过去几十年，品牌在企业经营中的地位越来越重要。对企业而言，品牌不仅是营销部门为推动产品销售而使用的工具，也是企业与员工、供应商、渠道商、政府、投资者、媒体等众多利益相关者互动的战略平台。因此，企业中负责品牌管理的不再是营销部门，而是企业高层管理者。企业高层开始关注品牌对企业发展的重要作用。

如前所述，知名品牌具有更高顾客价值，这是装备制造业客户选购知名品牌产品的主要原因。那么，顾客价值在品牌竞争力形成中是如何体现的？它对品牌升级有何影响？

为说明这个问题，笔者将顾客价值纳入品牌竞争力形成模型，将顾客价值视为顾客认知的一部分，和感知质量、品牌认知、品牌联想等认知因素一起共同影响品牌情感，继而影响顾客的品牌消费行为，由此提出装备制造业品牌升级的三种方式（见图4-11）。一是知名品牌代表着优质产品，企业可以通过提供优质产品和制定恰当营销组合策略影响顾客的功能性利益感知，降低顾客对货币成本增加的敏感度；二是知名品牌代表着优质服务，企业可以通过提高服务质量及关系营销影响顾客的情感利益感知，降低顾客的时间成本、努力成本及风险成本；三是知名品牌代表着高品牌知名度，企业可以通过品牌战略规划和品牌传播影响顾客的社会性利益感知。当顾客感到购买该品牌产品自己获得的利益多，所需的成本低，对品牌的态度就是满意和信任的，就愿意再次购买该品牌的产品，品牌忠诚最终得以形成。

下面针对装备制造业企业的品牌创建，对上述三种品牌升级方式逐一进行说明。

（一）产品营销方式

所谓产品营销方式，是指通过优质产品打动顾客，满足顾客对功能性利益的需求，降低客户对货币成本的敏感度。

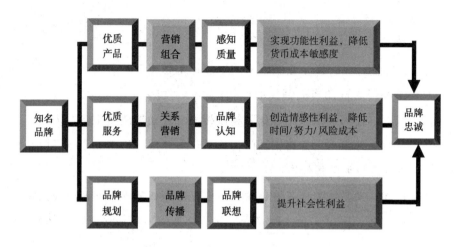

图 4-11 装备制造品牌国内升级方式

只有提供优质产品的企业，才能获得顾客认可。装备制造业隶属于制造业，产品是影响顾客满意度的最主要因素。在产品使用过程中，客户对产品功能、内在配置、质量稳定性、技术先进性、使用效果、使用寿命、外观式样、包装、产品供应的可靠性和敏捷性等因素有所感知。这些与产品接触过程中产生的用户体验，共同构成"感知质量"。如果上述指标达到客户要求，实现了客户对产品所期望的功能性利益，客户就表现为满意，客户未来会重复购买并推荐他人购买。以液压产品为例，国内液压技术相对薄弱，液压件连续工作时间通常只有 5000 小时，而潍柴动力 2012 年所收购的德国"林德液压"其产品可以连续运作 10000 小时以上。有的海洋设备用户在使用林德液压产品 10 年之后，液压件仍然完好无损，为此专门打电话再次订购林德液压的产品。这就是产品感知质量对用户忠诚的影响。

在互联网时代，客户的选择更多。除保证产品可靠性之外，在产品中增加顾客认为至关重要的新功能、针对顾客需求设计个性化定制产品，也是增加顾客利益的好方法。例如，2015 年 4 月北汽福田组织了"发动机转运架焊接自动化升级"招标，"山姆自动化"这家山东省企业在四家投标企业中以相对较高的价格中标。其原因在于，山姆自动化的技术团队经多方了解北汽福田的需求后，最终提交的方案既能提升制造效率，还能提供发动机转运架的动态和静态负载报告等多项技术数据，最终赢得了招标方认可。企业研发能力和个性化定制能力的强弱决定了顾客价值能否实现，这是传统装备制造业品牌升级的重要方式。①

在核心产品以外，影响客户功能性利益感知的因素还包括营销组合策略中的价格、渠道和促销方式等因素。企业必须对顾客需求和偏好进行深入分析，识别影响顾客价值的关键因素及其变化，注意制定合理的价格、采取恰当的渠道和促销方式，以提升用户体验，确保品牌美誉度。在价格制定中，知名品牌为和品牌定位保持一致，一般采取优质优价定价策略，而非成本加成定价方式。在渠道选择中，尽量选择企业可以控制的短渠道和窄渠道模式，避免分销商过多过滥引发价格战。在各种促销方式中，为维持良好品牌形象，坚决避免降价促销，而采取延长保修期、降低零配件价格等方式增加客户功能性利益感知。

优质产品通常定价较高，从理论上说，顾客感知成本中的货币成本上升，降低了顾客价值。但是，由于顾客感知价值是多元的，尤其是装备制造业的产品特点决定了价格并非客户关注的重点。装备制造业顾客更关注风险成本，而不太关注货币成本。为此，企业在和客户沟通时，应着重强调产品品质好、使用寿命长给客户带来的功能性利益，以降低客户对货币成本的敏感度，赢得客户订单。

（二）关系营销方式

所谓关系营销方式，是指通过关系营销创造情感性利益，降低顾客的风险成本、时间成本和努力成本。

对于装备制造业而言，顾客价值的构成，不仅仅和产品有关，也和服务有关。装备制造业品牌提升顾客价值的第二种主要方式是通过提高服务质量打动客户，消除客户对售后服务跟不上的担忧，降低客户的感知风险。

---

① 张鹏，吕艳玲，王兴元，等．加快山东装备制造业品牌升级研究［R］．济南：山东省社会科学规划办公室，2016：25.

普通消费品打造情感性利益，可能将宣传重点放在情怀渲染上面，着重挖掘产品的故事性。装备制造业企业提供的产品则是生产经营用到的设备，一旦后续服务跟不上，将会影响客户的生产经营秩序。负责采购的人员在选择、购买过程中所体验的情感，尤其是负面情感——对陌生营销人员的担心、对能否按时交货的焦虑、对产品质量的没把握等等，直接影响到顾客价值能否实现。如果产品表现不佳，或维修服务跟不上，采购者会产生极大心理压力。但采购知名品牌产品就不会产生负面情感。其良好的产品质量、服务质量、既往经营经历让知名品牌产品表现稳定，风险成本大大降低，这也是让企业客户更愿意购买知名品牌的重要原因。

其次，企业可通过关系营销构建基于信任与互利的良好而长久的顾客关系，满足客户情感需求，降低企业客户的时间成本和努力成本。产品销售之后，主动联系客户，主动服务客户，了解客户需求，可以提升客户感知的服务质量。

服务质量由两方面构成。一是产出质量，产出质量是指服务的结果；二是过程质量，过程质量是指服务的过程。服务产出质量和过程质量的判断标准包括五方面：可靠性、响应性、移情性、亲切性和有形性。

因此，装备制造业提升服务质量的主要方式应该是：（1）可靠性，服务人员具备专业技能，能够为客户提供可靠服务——操作和维护培训、零部件配送、技术顾问、售后维修等，降低客户感知的风险成本。（2）响应性，对客户对于产品供应、技术支持、维修配件和服务等方面的要求，及时响应，降低客户感知的时间成本。（3）移情性，重视客户，关心客户，提供个性化服务，帮助客户了解产品和服务信息，增加采购便利性，减少客户感知的时间成本和努力成本，让客户在特定的合作关系中实现被尊重、被需要的情感利益。很多客户的再次购买仅仅是一种习惯，为避免再次选择所需投入的各种时间和努力成本，因而维持与过往供应商的合作关系。（4）亲切性，服务人员态度谦恭，让顾客舒服，可提升客户感知的情感性利益。关系建立的基础是信任。关系营销所创造的关系资产是企业多年营销过程中积累下来的、难以复制的无形资产，具有持续性和互动性的特点。同样的产品，为什么有的营销人员能让客户成功购买，其他人员则无法做到？其中最主要原因在于关系的形成是买卖双方基于信任和承诺，通过多次互动，共同付出努力而形成的。一对一定点服务大客户，可以持续获取客户订单。（5）有形性，服务设施齐全，服务人员统一着装，让顾客感觉规范，提升客户感知的情感性利益。

目前，越来越多的装备制造业企业将自己定位为服务方案提供商，而非产品制造商。经过有机整合的良好服务难以模仿，也难以复制，是建立顾客忠诚的重要因素，也是企业竞争优势的重要来源。

（三）品牌传播方式

所谓品牌传播方式，是指通过品牌传播打造品牌知名度，提升顾客的社会性利益。

如果企业在产品和服务方面已经很有竞争力，是否一定能成功？我们认为，企业所拥有的产品优势和服务优势在现代经济中只是企业成功经营的充分条件。现代企业的质量管理和服务管理都已经提升到一个较高的水平，能够按时交货、提供品质优良产品和优质服务的企业越来越多，顾客无法辨析不同企业所提供的产品性能、质量、服务之间到底有什么差别。在创造和传递顾客价值的过程中，单纯提高产品质量和服务质量还不够，必须通过制定和实施品牌化发展战略，打造品牌知名度，传播品牌形象，传递顾客价值，吸引新顾客。

品牌营销不仅是企业实施的营销战略，更是影响企业长远发展的企业战略。企业应通过品牌战略规划和品牌传播提升品牌知名度，让顾客在使用知名品牌时获得心理上的满足感和优越感，实现企业顾客在社会认同等高层次需求的满足，提升顾客感知的社会性利益。

品牌传播的目标是多元的。针对顾客价值的研究表明，有助于品牌升级的企业品牌传播活动至少要实现三大目标。

第一个目标是打造品牌知名度，让品牌进入客户选购范围。与传统经济不同，现代经济中商品极大丰富，在每个产品类别中，都有成千上万的制造商。如果顾客对你的企业和产品一无所知，就不会购买。品牌知名度在顾客购买中发挥着重要作用。首次购买的顾客更愿意依靠品牌做出购买决策。根据信息经济学的研究，品牌被认为是一种质量信号。知名品牌的产品通常具有良好质量，因此发生购买失败的可能性较小，风险成本随之降低。对于再次购买的顾客，往往出于本能会在不同品牌产品之间选择自己熟悉的品牌。如果一个品牌在市场上具有一定的知名度和美誉度，则该品牌更容易被客户选购。

第二个目标是让目标顾客感知到顾客价值，产生购买欲望。在品牌传播中，告知顾客企业的产品和服务能够提供什么样的价值和利益，或者告知目标顾客品牌产品的使用方法、用途、特点、活动促销等重要信息，积极向顾客推销自己，提高顾客对品牌产品的认知。通常认为企业客户只关心功能性利益，对情感性利益和社会性利益要求不多。实际上，企业客户也具有一定的情感交流需求和社会尊重等方面的需求。顾客通过采购知名品牌产品被同行或其他社会群体认可，获取成就感和地位感，这在装备制造业中表现得特别突出。中国人都很重视"面子"，如果其他同类型企业都购买国际名牌产品，我们采购的是国内不知名品牌，"面子"上就不好看，国内品牌无法提供国际名牌给客户带来的荣耀感和地位感。因此，企业不仅要做好产品和服务，还要在品牌传播时强调企业的行业地位。

第三个目标是塑造积极品牌形象，赢得顾客信任。由于装备制造业产品需要更多的技术支持服务，服务的无形性让信任在购买决策中地位提升。品牌是企业实力的具体体现，是赢得顾客信任的重要工具。通过广告、赞助冠名、慈善捐款、事件营销、履行企业社会责任等方式，塑造积极、正面、独特的品牌形象，对品牌承担企业社会责任情况进行宣传和推广，可增加品牌知名度和美誉度，让顾客信任企业、信任品牌、信任产品，引导顾客来尝试和认知。如果企业的品牌形象不佳，就会被竞争对手轻易替代。

有鉴于此，现代企业普遍重视品牌传播。如果没有品牌传播，就没有品牌知名度和新客户，就没有企业的持续发展，这条路径已经成为现代企业的共识。

综上所述，在装备制造品牌国内升级过程中，必须将产品、服务和品牌放在同等重要的位置。如果只重产品不做品牌，就无法获取更多的品牌附加值；如果只做品牌不重视产品，销售热潮之后没有忠诚顾客的重复性购买，品牌只能昙花一现；如果产品和品牌都很不错，服务却跟不上，也会影响顾客的感知质量和品牌体验。

四、装备制造品牌国际化升级进程

近年来，越来越多的装备制造业企业开始进行海外投资。在产品质量、创新、品牌传播、渠道终端、管理团队、品牌知名度和美誉度等方面具有相当实力的装备制造企业已经有能力在国际市场打造强势品牌。在此背景下，加快品牌国际化进程、打造国际强势品牌，成为国内众多优秀企业的迫切要求。

如何打造令人尊敬的、拥有强大号召力的世界级品牌？这是我们探讨的重点。

（一）品牌国际化四阶段

按照品牌拥有程度不同，我国制造业企业的国际化进程大致经历了以下几个阶段：

1. 代工生产阶段

代工生产（Original Equipment Manufacturer，简称OEM）是指国内企业为国外企业生产产品，并使用国外企业的品牌进入国际市场。在企业国际化经营初期，由于国内制造业企业缺乏先进技术和全球分销网络，不拥有强势品牌，只能通过OEM方式为国外企业进行代工生产。产品使用国外企业品牌，企业没有自主品牌，按照国外企业的要求完成产品的加工制造环节。

2. 代工设计阶段

随着国内企业制造加工能力的增强，企业逐渐具备技术创新和研发设计能力。代工设计（Original Design Manufacturer，简称ODM）是指国内企业不仅为国外企业生产产品，也参与产品设计。尽管产品仍然以国外企业品牌进入国际市场，但企业在为国外企业代工时开始介入研发设计环节，从简单的加工制造逐渐过渡到加工制造和研发设计并举阶段。

3. 自主品牌阶段

自主品牌（Original Brand Manufacturer，简称OBM）是指国内企业生产的产品标注自己的品牌在国外市场进行销售。为获取更高利润，国内企业在具备研发设计及技术创新能力之后，逐步摆脱对国外企业的依赖，开始以自主品牌参与国际市场竞争，产品以自主品牌在国内外市场进行销售。

4. 国际品牌阶段

伴随企业实力的增强，企业逐步向价值链两端的研发设计和品牌营销等高端环节延伸，自主品牌在国际市场中开始具有一定知名度、美誉度和品牌影响力，此时企业品牌发展到国际品牌阶段。所谓国际品牌阶段（International Brand Manufacturer，简称IBM），是指国内企业生产的产品在国际市场进行销售时标注的自主品牌，该品牌同时在国际市场具有一定的品牌影响力。由此可见，拥有国际品牌是企业国际化的高级阶段。

和劳动密集型产品制造业不同的是，山东省装备制造业企业较少从事代工生产，大多从自主品牌起步，通过过硬的产品品质和较高的性价比打入国际市场。在33家参与调查的企业中，有25家已实施品牌国际化战略，占被调查企业的75%。其中，23家企业选择自主品牌作为实现品牌国际化的战略途径，即92%的实施品牌国际化战略企业采取自主品牌进入国际市场。其余企业选择贴牌和联合创牌方式进入国际市场。

在对品牌的国际市场竞争力认识方面，产品性能和价格被认为是山东省装备制造业企业品牌最具竞争力的要素，最缺乏竞争力的要素则是品牌形象和技术。

（二）国际品牌培育四领域

探究国际品牌培育的作用机制，目的是揭示企业的国际营销资源投入如何转化为国际市场目标顾客对品牌的积极反应这个黑箱。

国际品牌升级与国内品牌升级具有相同的成长路径，但又受到不同外部环境的影响。要创建国际品牌，企业需要应对国际市场不同文化、政治、法律、技术环境的挑战。为此，本部分基于营销动态能力视角，进一步完善工业品品牌竞争力形成模型，将外部环境对国际品牌创建的影响纳入分析框架，为国际品牌升级对策研究奠定理论基础。

如何在持续快速变化的外部环境中获取和维持竞争优势，是跨国公司开展国际化运营必须解决的关键问题。营销动态能力理论认为，企业对持续变化的营销环境的快速有效反应，取决于企业营销动态能力对外部环境的适应性。

营销动态能力概念的提出为跨国公司应对激烈的国际市场竞争提供了新的指导工具。本研究结合工业品品牌价值风车模型及营销动态能力理论，提出了国际品牌资产培育模型（见图 4-12），认为工业品的品牌价值由四个要素构成——产品表现、渠道表现、支持服务表现和公司表现。与此同时，构成营销动态能力的四项子能力——产品开发管理能力、顾客关系管理能力、供应链管理能力、品牌跨文化传播管理能力，对企业创造和提升顾客价值非常关键，是国际品牌创建必须具备的关键性能力。

由国际品牌培育模型可知，国际品牌培育是一个系统工程，要求在以下四个方面有优异表现。

1. 产品表现

产品表现是工业品品牌资产培育的基础。装备制造企业的产品是复杂工业品，在产品使用过程中，客户对产品功能、内在配置、质量稳定性、技术先进性、使用效果、使用寿命、外观、包装、产品供应的可靠性和敏捷性等因素进行感知，构成"感知质量"，即顾客心目中的产品表现。良好的产品表现会显著影响顾客感知质量，进而提升顾客满意水平，带来良好口碑和重复购买意愿，形成顾客忠诚。

产品开发管理能力决定了顾客价值的主要因素——产品价值的大小。产

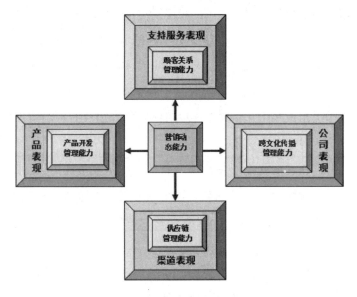

图 4-12 国际品牌培育模型

品与服务价值是顾客价值中最基础的部分。顾客首先是通过产品和服务与品牌发生关联的。如果产品质量不过关、服务质量不够好，所谓的品牌资产就如同无源之水、无本之木。装备制造企业必须以自主创新为根本，加强产品开发管理，不断提高产品质量及性能，通过产品创新性、高质量、先进技术、快速的产品开发周期、开发预算的控制吸引客户，并在更高层次上为客户提供优质服务，建立品牌与先进技术、优质产品、超值服务的紧密关联。

2. 支持性服务

我国装备制造企业在国内市场的服务水平已经达到相当高水平，但在国际市场，由于渠道建设的滞后及国际化服务人才短缺等因素，支持服务远远跟不上企业国际化的发展步伐。服务质量难以保证，服务不便成了制约我国装备制造业品牌扩大国际市场份额最大的障碍之一。

顾客关系管理以建立并维系品牌与顾客间的长期稳定关系为主要目标。稳固的顾客关系已成为企业竞争优势的重要来源。通过获取和利用顾客信息并组织强化学习，可以提高企业对顾客需求的响应能力，提升顾客满意度与顾客忠诚度。

3. 渠道表现

我国企业国际化起步较晚，海外渠道建设普遍滞后和效率低下。要在国际市场打造强势品牌，不仅需要加强渠道本身的建设和管理，还需要进一步做好供应链管理，以降低成本、提高效率，提升整体竞争优势。

在当今日益激烈的国际竞争环境下，卓越顾客价值离不开企业对整个供应链的管理效率提升。装备制造企业高度复杂的产品、庞大的生产体系，使其在供应链管理中一直存在着采购难、仓储难、配送难、运输难的先天性难题。供应链管理将竞争优势的建立拓展到企业之外，通过在全球范围内有效地利用和配置资源，提高生产和运营效率。先进的供应链管理体系，对于其技术升级、成本降低、服务优化等方面有着极大的促进作用，因而成为未来很长一段时间内装备制造业企业提升竞争力的重要举措。

4. 公司总体表现

公司整体实力、声誉等是工业品品牌资产的基础保障。由于购买用途、产品复杂性等原因，在工业品营销中，公司品牌、公司声誉较之产品品牌影响力更大，迫切需要做好营销传播工作，提升公司品牌形象与声誉。

品牌跨文化传播管理能力可以为客户创造更高的形象价值，增强品牌认同感。加强品牌关系管理、增进顾客关系的目标是促进顾客的忠诚，根本途径是为顾客创造卓越的价值。

综上所述，国际品牌培育是一个系统工程，要求在产品、支持服务、渠道、公司总体方面有优异表现。企业需要具备产品开发管理能力、顾客关系管理能力、供应链管理能力和跨文化传播管理能力。要应对外部环境差异对国际品牌创建的影响，必须加强管理者国际化认知，做好品牌国际化战略规划，进行产品标准化与本土化调适，强化品牌跨文化适应能力，同时注意规避负面原产地效应。

五、加快装备制造品牌升级的对策建议

在我国经济由高速增长转向高质量增长的经济转型期，装备制造业发展的外部环境正发生深刻变化。面临外需减少和消费升级带来的双重挑战，装备制造业如何在平稳增长中实现转型升级？本文针对装备制造业企业和装备制造业主管部门这两大主体，给出加快装备制造业品牌培育、提升品牌竞争力的政策建议。

（一）企业层面打造装备制造知名品牌对策

装备制造企业转型升级应遵循"促创新，做品牌，提高企业核心竞争力"的总体思路，以创新性优质产品为基础，以品牌升级为核心，以企业竞争力提升为最终目标，将品牌创建视为企业转型升级的重要路径，将产品创新和品牌创建结合起来，力争用三到五年时间，品牌升级取得突破性进展，为企业长期可持续发展奠定基础。

1. 以品牌升级带动竞争力提升

装备制造业企业的转型升级应以"品牌升级"为核心，关注品牌知名度和品牌美誉度的提升。在高度竞争的装备制造业市场中，技术的发展促使产品制造越来越复杂，即使是行业客户也不一定了解产品到底是好是坏。但一直以来，产品一旦加上了知名品牌，就很容易让客户信任和接受。产品越复杂，品牌作为产品质量标志物的作用越强，知名品牌具有市场价值。高端产品和低端产品最大的不同，在于高端产品"身份"更高或者说是"地位"更高。当产品加上知名品牌的背书之后，立即具备了"身价"及"地位"，产品附加值随之提高。因此，装备制造业企业必须加强品牌建设，着力提高品牌知名度和美誉度，从传统的产品制造商向品牌提供商转型，培育中长期竞争优势，推动企业实力实现整体跃升。

品牌是企业实力的具体体现，是赢得顾客信任的重要工具。创建知名品牌应该是企业占领市场的主动之举。品牌升级应该成为装备制造业产业升级中的催化剂和企业健康可持续发展的推动器。

2. 以好产品、好服务和品牌传播加快品牌升级

在产品方面，必须能够提供满足客户需求的创新性优质产品。尽管大多数行业都出现了产能过剩的问题，但是高端装备制造对中国而言尚属稀缺资源，客户对高端装备制造业产品的需求与日俱增。优质产品可以提升顾客功能性利益感知，继而提升顾客价值。同时企业须采取恰当的营销策略，通过合理的价格、渠道和促销方式提升用户体验，确保品牌美誉度，防止产品定价、销售渠道、促销方式等因素对品牌形象产生不利影响。国内大多企业通常擅长以降价方式进行促销，就是希望通过降低顾客感知成本的方式，提升顾客价值。但是，降价只可能是短期手段，长期内它会损害企业品牌形象，降低顾客感知利益，不能为企业持续创造利润和价值。

在服务方面，要注重装备制造业用户与大众消费者之间的差异。装备制造企业的用户是行业用户，产品销售之后是否有技术方面的操作和维护培训，零部件配送和售后维修是否及时等，都会影响行业客户的购买决策。与大众消费者不同，行业用户不仅关注服务质量，也关注长期买卖关系中形成的互惠关系。产品使用过程中，企业是否主动服务客户，了解客户需求，提供个性化服务，决定着客户情感性利益能否得到满足。因此，装备制造业中的客户价值是长期的顾客价值，不是独立的一次性交易所创造的交易价值。装备制造业企业必须重视提升服务质量和实施关系营销，通过良好的客户服务提升客户的情感性利益感知，同时通过关系营销降低客户的时间成本和努力成本，从而进一步提升顾客价值。

在品牌方面，须注重实施有效的品牌传播活动，有效传递顾客价值。从本次企业调研结果来看，大多数企业都做过品牌战略规划，但是在品牌战略的具体实施方面，很多企业并无具体方案。在实际工作中，品牌经营的成功很大程度上取决于品牌经营战略的具体实施，80%的品牌创建工作都与品牌实施环节相关。例如，品牌传播中的话题策划、软文发布和文案撰写，品牌宣传中的媒体选择和活动策划，是品牌能否获得客户关注的重要环节。在现代社会中，客户每天接触的信息非常多，企业主动性的品牌传播由于客户接

收能力不足而效率低下。如果能策划一些品牌宣传活动，在活动中让客户参与产品体验，他们就能充分接收品牌信息，产生品牌认知和品牌联想，发现产品价值，了解品牌实力，对品牌企业建立起信任等情感。

3. 做好国际品牌战略规划

品牌国际化是一个系统工程，不仅需要管理者树立全球化的视野，还需要制订切实可行的品牌国际化战略，才能在国际市场上逐步建立品牌资产，获取竞争优势。虽然我国多数企业都有了较强的品牌创建意识，但仍没有学会如何系统地去经营自己的品牌，更多的是依靠经验和直觉来管理品牌，品牌管理能力发展滞后，无法真正做到整合营销传播，致使品牌的国际影响力远远落后于企业整体实力的增长。

在国际市场建立品牌资产，应注意品牌标识国际化、品牌文化包容化、品牌定位国际化、品牌联想丰富化，并进行产品标准化与本土化调适，强化品牌跨文化适应能力，规避负面原产地效应。

（二）主管部门提升装备制造业品牌影响力对策

品牌升级是长期性和系统性工程。在品牌升级过程中，不仅需要企业主动探索，还需要政府主管部门全盘考虑、协同规划，提供政策支持和保障。就行业主管部门而言，提升装备制造业品牌影响力的总体思路是什么？主管部门应该从哪些方面开展转型升级工作？

下一步山东省装备制造业品牌升级的总体思路，可概括为"分类促进，支持企业走出去"。即鼓励行业龙头企业通过品牌升级构建新的竞争优势，中小企业做好配套，围绕龙头企业形成优势互补、共同发展的产业集群；在国家拓展全球市场的大背景下，制定行动路线图，积极推动和支持企业拓展海外市场，促进装备制造业品牌走向国际，在海外产业合作过程中做大做强。

1. 分类促进，突出龙头企业的带动作用

"分类促进"是指不是所有企业都需要创建品牌。龙头企业应进行品牌升级，中小企业不需要创建品牌，只需做好产品即可。由于创建品牌所需的投资金额高、投资期限长，短期内很难见效，需要企业具有一定的自主创新能力、资金实力和市场基础。龙头企业有品牌、有产品、有资金，在国内市场已经确立了一定的产品竞争优势。各地市主管部门应有针对性地选择本地的行业龙头企业进行品牌升级，支持其进行品牌创建方面的投入。对于大多数中小企业而言，则建议做精做专，成为行业龙头企业的配套企业，把配套产品做好，并不需要打造品牌。

同时，注意发挥产业集群的带动作用。目前，山东省境内已经形成济南数控机床、滕州中小机床、潍坊内燃机、青岛纺织机械等十大装备制造业基地，这为山东省装备制造业发挥相对于其他省份的产能和成本优势，实现产业振兴提供了良好基础。装备制造业附加值高、产业链长，具有很强的上下游关联效应，是地方经济增长的重要引擎。因此，应坚持产业集群发展与龙头企业成长相结合，围绕优势企业形成特色鲜明、分工协作、各有侧重、优势互补、共同发展的产业集群。通过集聚产品、零部件、人才、技术和信息，降低生产和交易成本，形成产品优势和品牌优势良性互动的集群效应，培育多个以知名品牌为核心的产业集群，品牌建设与产业发展并重，提升产业竞争力，为经济增长增加新的引擎。

2. 支持具有国际竞争力的龙头企业"走出去"

"一带一路"倡议的提出，为山东省装备制造业与"一带一路"沿岸国家开展产业合作创造了有利条件。在"一带一路"倡议背景下，可以预期在未来 3—5 年内，我国将进入海外投资的全盛时期。山东省是装备制造业大省，在研发、管理、制造、人才等诸方面具有竞争优势，进行国际产能合作，具有很大的空间。与周边国家相比，山东省装备制造业优势明显，但国外市场开拓意识还不够强烈。如果主管部门做好顶层设计和政策保障，具有国际竞争力的龙头企业就能在"走出去"过程中实现新的跨越，不断提升装备制造业品牌的国际竞争力。

政府主管部门要结合山东省装备制造业的实际情况，注重顶层设计，因势利导，研究和制定支持装备制造业企业"走出去"的相关对外投资管理体制，助力山东省装备制造业在全球的快速布局与渗透。具体措施可以包括：

（1）充分利用各种交流合作平台，积极探索对外合作新模式，加强对外投资的国别指导、安全风险预警和突发事件处置工作，落实政府间保障机制，尽早建立海外投资风险防范和保障体系。（2）简政放权，破除体制性障碍，确立"备案为主、核准为辅"的境外投资管理模式，建立重大项目协调机制，引导和鼓励海外投资规范发展，促进装备制造业品牌走向国际。（3）完善海外投资鼓励体系，综合运用财政、信贷、外汇、融资、人才等配套政策，通过设立专项基金、优惠贷款、出口信用保险的方式，引导金融机构对重点领域龙头企业加大信贷支持力度，重点支持优势装备制造业企业在"一带一路"沿岸国家进行海外投资和对外合作，支持自有品牌在境外的商标注册和专利申请，提升装备制造业品牌的国际影响力。（4）充分发挥行业协会在信息收集、分析研究、咨询培训等方面的积极作用，通过海外投资培训等方式，帮助企业全面了解东道国吸引外资的优惠政策、投资环境和法律政策，营造品牌创新发展的良好氛围，为龙头企业走出去提供新平台。

综上所述，装备制造企业转型升级应遵循"促创新，做品牌，提高企业核心竞争力"的总体思路；在国内市场转变发展方式，用好产品、好服务和好品牌支撑企业发展；在国际市场注重汲取发达国家的先进技术，在发展中国家创建知名品牌。政府主管部门要结合山东省装备制造业的实际情况，坚持系统观念，注重顶层设计，把握好装备制造品业新发展阶段、新发展格局提出的新要求，在统筹推进装备制造业发展总体布局中思考和谋划装备制造品牌升级，突出龙头企业的带动作用，形成优势互补的产业集群，研究制定支持具有国际竞争力的龙头企业"走出去"的行业性政策。

对装备制造业品牌升级的研究，可为装备制造企业的跨国经营实践提供理论支持，对增强企业国际竞争力、促进企业转型升级具有现实意义。政府层面品牌发展战略与装备制造产品优势的有机结合和内在协同，对推动"中国制造"向"中国品牌"跨越、培育世界级知名品牌、再创经济新奇迹同样具有现实意义。

第五章

服务品牌与服务品牌竞争力影响因素分析

传统品牌理论研究主要是基于制造业的实体产品品牌研究，已经形成相对比较成熟的品牌理论和品牌模型，如 Aaker（1996）的品牌识别计划模型、Kapferer（1997）的品牌识别六棱镜模型、Keller（1993）的消费者品牌资产模型，以及 De Chernatony 和 Riley（1999）的品牌双螺旋模型等[①]，但针对服务品牌的专门研究较少。西方关于服务品牌的理论与实践大体始于 20 世纪 70 年代末，其主要动因来自西方国家政府对服务业放松管制后带来的市场竞争的激化[②]，很多服务性企业直接运用传统产品品牌理论与模型来进行服务品牌管理。近年来，中外学者（Berry、De Chernatony、白长虹、范秀成等）对直接采用产品品牌理论与模型来构建和管理服务品牌的做法提出了质疑，开始专门从事服务品牌理论与模型研究，并取得了初步成果。

本章首先从服务品牌与产品品牌的差异、服务品牌理论研究模型及其驱动因素两个方面展开文献综述；然后，基于本书构建的品牌本体模型，探索分析服务品牌竞争力的影响因素。

---

① 程鸣，吴作民. 西方服务品牌研究评介 [J]. 外国经济与管理，2006，28（5）：53-60.
② 范秀成. 顾客体验驱动的服务品牌建设 [J]. 南开管理评论，2001（6）：16-20.

第一节　服务品牌与产品品牌的差异

理论的发展既需要实践的推动，也有一个相关知识积累的过程，因此，目前关于服务品牌的很多研究是借鉴已经相对成熟的产品品牌理论与模型来开展的，明确提出服务品牌定义的研究很少。不过，中外学者还是从服务的特征出发，对服务品牌与产品品牌的差异进行了探讨，并归纳出服务品牌的若干特点。

英国学者 De Chernatony 等根据对金融服务品牌的研究，比较了服务品牌与产品品牌的异同①：（1）品牌概念在产品和服务中是类似的，因为它被界定为消费者心目中理性的和情感的感知组合，来自同样的定位过程；（2）服务品牌化和产品品牌化的原则在品牌概念层次上是基本一致的，但在实施方法上有不同的侧重点；（3）服务组织，特别是金融服务企业，在将品牌发展成为一种简化消费者比较和选择竞争性服务产品的工具方面没有给予足够的重视；（4）服务品牌与消费者有许多的接触点，面临着服务质量不稳定的问题。这种情况可以通过建立"愉悦消费者"的文化，以及更好的培训和内部沟通得到改进；（5）成功的服务品牌来自对关系的维护，来自员工和消费者对特定功能和情感价值的尊重；（6）从实践看，服务品牌缺乏情感纽带，识别性不足。

国内学者程鸣和吴作民（2006）总结了西方学者对服务品牌和产品品牌之间差异的研究成果，认为它们之间的差异主要表现在品牌要素、品牌沟通、消费者品牌感知及评价以及品牌管理等方面，见表5-1。

---

① De Chernatony, L., Dall'Olmo, F. Expert's Views About Defining Services Brands and the Principles of Services Branding [J]. Journal of Business Research, 1999, 46 (2): 185.

表 5-1　产品品牌与服务品牌之间的差异①

比较内容	产品品牌	服务品牌
品牌要素	产品核心功能、价格、包装、用途和使用者形象等	无形服务、服务环境、员工形象、品牌名称、价格和情感等
品牌沟通	广告、促销等基本营销活动	基本营销活动、员工形象和服务环境等的有形展示
消费者品牌感知及其一致性	产品具体的功能和情感、象征价值产品质量控制以保证品牌感知的一致性	服务体验过程和服务结果；员工和顾客都影响品牌感知的一致性
品牌管理	品牌经理	企业品牌管理

　　首先，服务品牌涵盖的品牌要素比产品品牌更多、更复杂。国内学者陈祝平（2001）指出，服务品牌是指服务机构或其服务部门、服务岗位、服务人员、服务生产线、服务活动、服务环境、服务设施、服务工具乃至服务对象的名称或其他标识符号，是一个涵盖很广的概念②。Grace 和 O'cass 和（2005）指出，服务品牌联想包括品牌名称、价格/货币价值、服务环境、核心服务、员工服务、情感和自我形象一致性③。相比于 Keller（1993）针对产品品牌提出的消费者品牌资产模型，服务品牌联想除了包括产品相关因素（如核心功能）和非产品相关因素（如价格、包装、使用者形象和用途等）两大类之外，服务人员和服务活动过程成为形成服务品牌联想的重要来源。因此，控制和管理人为因素和过程因素对服务品牌的影响，对服务企业来说具有很大的挑战性。

　　其次，相对于产品品牌而言，服务品牌与顾客之间的沟通接触点更多，如何保证服务品牌沟通的一致性是很多服务企业所面临的问题。产品品牌与

---

①　程鸣，吴作民. 西方服务品牌研究评介 [J]. 外国经济与管理，2006，28（5）：53-60.

②　陈祝平. 服务营销管理 [M]. 北京：电子工业出版社，2008：230-234.

③　GRACE D, O'Cass A. Service branding：Consumer Verdicts on Service Brands [J]. Journal of Retailing & Consumer Services，2005，12（2）：125-139.

顾客沟通的接触点主要是广告、促销等基本营销活动，而服务品牌还可以用服务环境、员工形象和服务设施等接触点与顾客进行沟通、体验。服务品牌的接触点分类见表5-2。

表 5-2 服务品牌的接触点分类

分类	具体表现	作用
计划性接触点	广告、宣传资料、品牌标志、网站、促销活动价格	非人员沟通
产品接触点	无形服务中消费的有形物	传达品牌信息、体现品牌个性
服务接触点	服务人员、服务场所的装修、有形展示物、由顾客自己操作的自助服务设备、服务补救等	人与人的接触
非计划性接触点	公司服务的口碑、媒体对企业的正面或负面的报道、专家对企业服务的权威评价、员工之间关于公司的谈论等	对服务的评价、为购买决策提供参考

较多的品牌接触点给服务企业带来服务质量不稳定的问题，这种情况可以通过建立"愉悦顾客"的文化，以及更好的培训及更开放的内部沟通等得到改进（De Chernatony 等，1999）。

再者，在消费者对品牌的感知和评价方面，服务品牌与产品品牌也存在差异。产品品牌的感知和评价可贯穿于消费者购买前、购买使用过程中和使用之后等阶段，而服务的无形性使消费者很难在购买之前对其做出评价。Gronroos（1990）指出，服务具有二重性，即作为结果的服务和作为过程的服务，顾客不仅关注服务的结果，同样也关注服务的过程。Gronroos（1990）构建的服务质量模型就将服务质量分为技术质量和功能质量两个维度，用来反映服务的结果和服务的过程。目前普遍使用的服务质量测评工具 SERVQUAL 模型基本上是针对顾客对服务过程的评价。国内学者范秀成（1999）也指出，人们所识别的服务的无形性、不可分割性、异质性、易逝性等四个主要特征都与服务作为过程有关①。因此，顾客对服务品牌的评价主要取决于顾客对服务过程的体验，对服务体验过程的管理是服务品牌不同于产品品牌的一个显著特点。

最后，在品牌管理上，服务品牌应该实施企业品牌策略，由高层管理者进行管理，协调营销和人力资源管理等部门共同实施企业整体品牌战略；而产品品牌通常由品牌经理来管理。De Chernatony 等（1999）对金融服务的研究表明，尽管"以公司为品牌"的概念可以同时用于服务与产品中，但用于服务中似乎更为有效。其原因在于：与产品相比，服务具有较强的无形性，顾客不可能知晓复杂的服务品牌的技术细节，也不可能区分不同的替代物，他们往往把公司品牌（强有力的识别和名声）作为区分不同服务品牌的方式和手段。也就是说，对于有形的产品，产品（品牌）是基础的品牌；对于无形的服务，公司（品牌）本身是基础的品牌。服务品牌在很大程度上指的是公司本身的品牌。另外，产品品牌管理主要是管理产品的基本营销活动；而服务品牌管理还强调员工管理，建立顾客导向型企业文化和品牌价值观，招聘认同品牌价值观的员工或对员工进行品牌价值观培训，激励他们采取与品牌价值观相一致的行为，才能确保顾客对服务品牌的认同。

总之，服务的无形性、异质性、生产与消费的同时性、顾客参与和顾客体验等特征，导致了服务品牌与产品品牌在品牌要素、品牌沟通、消费者品牌感知及评价和品牌管理等方面的差异，所以直接将制造业的产品品牌研究理论和模型应用于服务业的做法是欠妥之举（Berry，2000；Riley 和 De Chernatony，2000；Grace 和 O'cass，2005）。这是对服务品牌展开专门研究的重要原因和前提。

---

① 范秀成. 服务过程管理：交互过程与交互质量 [J]. 南开管理评论，1999（1）：8-12，23.

第二节　服务品牌研究模型及其驱动因素

传统的品牌研究通常划分为消费者视角和企业视角，但从已有的关于服务品牌的研究文献来看，这两种视角并没有清晰的划分，更表现为一种综合的视角，只是研究结论对服务品牌管理的侧重点不同而已。以下介绍三个有代表性的服务品牌研究模型。

一、服务品牌资产模型

美国著名服务营销学家 Berry 通过对美国不同服务行业、经营业绩优异的 14 家成熟服务企业进行的调查研究，探析了这些服务性企业取得成功的原因。调查对象是服务企业包括 CEO 到一线服务人员在内的员工，大约有 250 人参加了这项调查。调查结果显示，强有力的品牌是这 14 家企业成功的主要驱动因素。它们都以品牌为基石，与顾客建立了相互信任的密切关系。根据相关调查和研究结果，Berry 在 2000 年发表的《服务品牌资产的开发》一文中提出了服务品牌资产模型（图 5-1）。该模型考察了服务品牌资产构成和驱动因素。

从该模型可以看出，Berry 认为，服务品牌资产（service brand equity）是由品牌认知（brand awareness）和品牌意义（brand meaning）两部分组成。品牌认知是顾客识别和回忆品牌的能力，而品牌意义是指顾客对品牌的感知，即顾客对品牌及其联想的短暂印象。其中，品牌意义对品牌资产的影响作用比品牌认知要大一些。因此，对于培育服务品牌资产，提升品牌意义比提高品牌认知更重要。

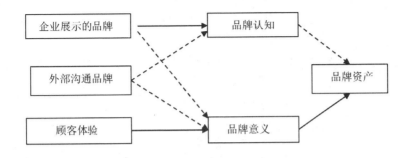

图 5-1　服务品牌资产模型①

　　企业展示的品牌和外部品牌沟通都会影响消费者的品牌认知和品牌意义。企业展示的品牌主要包括广告、服务场景、员工形象、企业名称及标识等；而外部品牌沟通则受企业无法控制的因素（如口碑、公共关系等）的影响。相对于外部品牌沟通，企业展示的品牌更有利于提高品牌认知。另外，顾客体验对品牌意义产生重要的影响作用，而品牌意义是服务品牌资产的重要组成部分。因此，顾客体验是服务品牌资产的主要驱动因素。

　　服务品牌资产模型是基于 14 家经营业绩优异的成熟服务企业的调查结果，为服务品牌资产研究奠定了良好的基础。但该模型只是定性研究，并没有进行实证检验，其科学性和准确性还有待验证。

二、服务品牌消费者选择模型

　　澳大利亚的两位学者格雷斯（Grace）和奥卡斯（O'cass）在对 Keller（1998）的消费者品牌资产模型、De Chernatony 和 Riley（1998）的品牌双螺旋模型以及 Berry（2000）的服务品牌资产模型进行比较分析的基础上，再经过消费者初步访谈列出了服务品牌要素，构建了服务品牌消费者选择模型（图 5-2）。

---

① BERRY L L. Cultivating Service Brand Equity［J］. Journal of the Academy of Marketing Science，2000，28（1）：128-137.

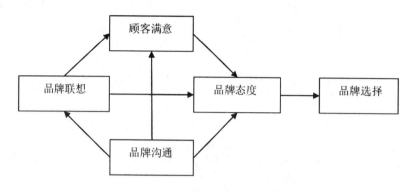

图 5-2　服务品牌消费者选择模型①

　　两位研究者通过店头拦截式消费者访问调查，收集了消费者对于银行品牌或零售品牌的品牌联想、品牌沟通、品牌态度、品牌购买意愿等方面的数据，最后根据实际数据分析结果验证了模型。

　　在服务品牌消费者选择模型中，服务品牌联想（brand evidence）和服务品牌沟通（brand hearsay）都影响顾客满意度和服务品牌态度。其中，服务品牌联想包括品牌名称、价格/货币价值、服务环境、核心服务、员工服务、情感、自我形象一致性；而品牌沟通则包括可控制的沟通（如广告和促销）和不可控制的沟通（如口碑和公共关系等）。品牌沟通对品牌联想产生一定的影响作用。品牌态度是消费者对品牌做出的积极或消极反应，它主要产生于消费者对品牌的感知和满意度。品牌选择是指消费者对品牌的最终决策和行为反应，品牌态度是影响消费者选择服务品牌的重要因素。

　　作者在定性研究（主要是文献回顾和消费者访谈）的基础上提出了假设模型，运用消费者调查收集的数据来进行定量研究并验证模型。相对于服务品牌资产模型，它在研究方法上显得更为科学。另外，该模型拓展了品牌沟通的内涵，包括可控制的沟通和不可控制的沟通两类方式。不过，实证研究结果表明，口碑和公共关系等不可控制的沟通对服务品牌选择影响不大。该

---

①　GRACE D, O'CASS A. Examining the Effects of Service Brand Communications on Brand Evaluation [J]. Journal of Product & Brand Management, 2005, 14 (2): 106-116.

模型的不足之处也很明显，其一，顾客满意和品牌态度两个构念存在一定程度上的重叠性；其二，被调查服务品牌所涉及的行业仅限于两个，只选择了澳大利亚四个全国性银行品牌和六个知名零售品牌，让顾客挑选其中一个自己亲身经历的品牌并进行问卷填写，这可能导致模型存在一定的行业适用性限制，模型在不同服务行业的普适性仍需要进一步验证。

三、服务品牌管理模型

英国学者 De Chernatony 和 Segal-Horn 对在英国伦敦分别从事品牌、广告、设计、营销和市场研究等工作的 28 个资深顾问进行了有关服务品牌相关问题的深度访谈，旨在研究服务品牌成功的驱动因素。在深度访谈和文献回顾的基础上，他们根据导致服务品牌取得成功的一系列驱动因素提出了一个服务品牌管理模型（图 5-3）。

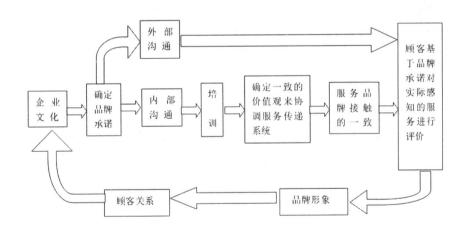

图 5-3　服务品牌管理模型①

这是一个循环模型，起点是服务企业建立企业文化和界定品牌价值观，

---

① DE CHEMATONY L, SEGAL-HORN A. Building on Services' Characteristics to Develop Successful Services Brands [J]. Journal of Marketing Management, 2001, 17 (7): 645-669.

然后确定品牌承诺，接着分别对外部顾客和内部员工进行品牌沟通。品牌的内部沟通主要是向员工解释品牌远景、品牌承诺，并提供顾客信息，对员工进行培训，形成一致的价值观。通过服务传递系统的协调支持，保证员工与顾客的每一次接触都能提供一致的服务。另一方面，企业通过外部品牌沟通向消费者传达品牌承诺。消费者基于品牌承诺形成服务期望，对服务期望与实际感知的服务进行比较来评价服务品牌。顾客对服务品牌的积极评价能在顾客心中形成良好的服务品牌形象，而良好的服务品牌形象则是建立服务品牌与顾客关系的基础。同时，服务品牌与顾客之间长期持久的信任关系则会进一步巩固服务企业文化和品牌价值观。

这个模型将服务品牌的外部顾客沟通、内部员工管理、员工与顾客的互动过程整合在一起，形成了一个完整的循环系统，为服务企业的品牌培育与管理提供了一个具有可操作性的流程模型。然而，它只是基于文献回顾和对28个资深顾问的定性深度访谈，并没有经过服务企业实践的验证。由于访谈对象既不是企业管理者或员工，也不是消费者，因此外部顾客沟通、内部员工管理、员工与顾客互动等具体要素和相互关系等问题仍需要进一步的研究探讨。

四、服务品牌的驱动因素

根据上述服务品牌和产品品牌差异的分析和服务品牌研究模型的介绍，服务品牌的驱动因素主要有品牌沟通、顾客体验、员工管理、企业文化和品牌价值观四个方面（程鸣，2006）。

（一）品牌沟通

服务品牌沟通不仅能够提高品牌的认知度，而且影响顾客对品牌的整体感知，能够树立积极的品牌形象。Grace 和 O'cass（2005）在消费者对服务品牌选择的实证研究中表明品牌沟通能够影响顾客满意和服务品牌态度，从而影响消费者对服务品牌的选择。

（二）顾客体验

服务品牌不同于产品品牌的一个显著特点是顾客对服务品牌的感知和评

价是在服务消费的体验过程中。服务体验能够让顾客在服务消费的过程中产生行为、思想和情感相关的积极品牌联想和品牌意义，加强顾客对服务品牌形象的感知，从而影响顾客对服务品牌的评价。Berry（2000）提出的服务品牌资产模型中，将顾客体验作为服务品牌资产的重要驱动因素。国内学者范秀成（2001）认为服务的核心是顾客体验，顾客体验是服务品牌的驱动力。

（三）员工管理

服务型企业的员工是服务品牌成功的基石。员工不仅是服务品牌的组成部分，而且影响着顾客的服务体验过程，员工还是服务品牌的宣传者。员工的态度和行为直接影响着服务品牌的感知，同时服务员工通过影响品牌沟通和顾客体验对服务品牌的成功起着间接的驱动作用。

（四）企业文化和品牌价值观

服务型企业的企业文化和品牌价值观不仅能够保证所有服务品牌接触点品牌信息传达的一致性，而且能够统一企业内部不同部门的不同员工的态度和行为，激励和约束员工的行为，保证顾客对服务品牌感知的一致性。企业文化和品牌价值观对服务品牌识别和服务品牌形象有着积极的作用。

五、服务品牌研究文献简评

服务品牌与产品品牌的差异是对服务品牌展开专门研究的重要原因和前提。由于服务的无形性、生产与消费的同时性、异质性等特点，服务品牌与产品品牌是存在差异的，主要表现在品牌要素、品牌沟通、消费者品牌感知及评价以及品牌管理等方面。

目前的服务品牌研究成果主要来源于西方学者。研究视角基本上是综合了外部顾客视角与内部企业视角，但理论模型在研究出发点、内容、方法和结论等方面各有侧重。Berry（2000）提出的服务品牌资产模型考察了服务品牌资产的构成和驱动因素。Berry认为，服务品牌资产由品牌认知和品牌意义两部分组成，企业展示的品牌、外部品牌沟通和顾客体验是形成服务品牌资产的前置因素。澳大利亚两位学者 Grace 和 O'cass 构建了服务品牌消费者选择模型，该模型将品牌联想和品牌沟通视为影响服务品牌消费者选择的起始变量，它们通过影响顾客满意和品牌态度，进而影响消费者的品牌选择。英国学者 De Chernatony 等提出的服务品牌管理模型将服务品牌的外部顾客沟通、内部员工管理、员工与顾客的互动过程整合在一起，形成了一个完整的循环系统，为服务企业的品牌培育与管理提供了一个具有可操作性的流程模型。该模型以企业文化和品牌价值观的界定作为服务品牌建设的起点。

值得指出的是，这些服务品牌模型是基于西方国家消费者心理行为特征和服务企业发展状况提出来的，它们是否适用于我国的服务企业品牌管理还有待进一步验证。另外，由于服务行业和服务类型的差异性（如消费者介入程度、购买风险、购买频率等不同），服务品牌模型的普适性是一个值得探讨的问题。最后，在研究方法上，目前的服务品牌研究仍以定性研究为主。采用定性研究和定量研究相结合的方法，尤其是结合具体服务行业的特点开展实证研究，可能是今后的一个研究趋势。

第三节　本体视角的服务品牌竞争力影响因素分析

一、本体视角的服务品牌竞争力影响因素的构成

关于品牌竞争力的来源，主流共识的看法是以企业为边界，划分为内部来源和外部来源。其中，品牌竞争力的内部来源是指在市场上由企业内部系统所形成或创造的与竞争对手的能力差异，包括产品来源和市场来源。品牌竞争力的外部来源主要是指影响品牌竞争力的外部因素，主要包括产业、政府政策、文化和教育体系以及战略联盟等（许基南，2005）。这种观点只是进行了规范分析，并没有实证研究的支持，而且，对各种来源要素的作用和相互之间的关系缺乏深入的逻辑分析。

基于前述品牌本体论分析以及品牌"三相一体"模型，结合文献综述中

品牌竞争力形成机理的"势""力"关系，本书作者认为，服务品牌竞争力的本质来源就是服务品牌三相要素系统的差异化优势。具体而言，服务品牌竞争力的关键影响因素由具象品牌优势要素、表象品牌优势要素、抽象品牌优势要素以及品牌相变优势要素构成。考虑到服务品牌的特征以及企业的品牌化实践活动，将服务品牌的"表象优势要素"表述为"服务沟通优势要素"，"品牌相变优势"则表述为"品牌创新优势要素"。因此，将本体视角的服务品牌竞争力前置因素的构成维度概括成四个方面：具象品牌优势要素、服务沟通优势要素、抽象品牌优势要素以及品牌创新优势要素（见图5-4）。

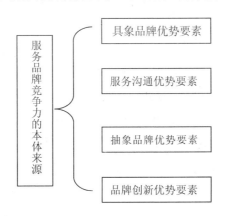

图5-4　本体视角的服务品牌竞争力前置因素的构成

二、本体视角的服务品牌竞争力影响因素的测量

开发一个具备构念效度的测验量表需要实现理论构念与测量指标或项目之间的高度一致（陈晓萍等，2008）。为此，量表的开发需要遵循一系列逻辑步骤，主要包括：构念说明、产生测验项目、检验量表的效度和信度等步骤。

（一）构念说明

开发测验的首要任务是准确、概括地定义我们所要测量的构念，清楚地说明构念的理论边界。为此，本书对本体视角的服务品牌竞争力前置因素的四个构成维度概念说明如下：

具象品牌优势要素：是指服务品牌企业在服务质量、技术、人员素质以及服务设施等物质基础要素方面的优势。

服务沟通优势要素：是指服务品牌企业在与顾客进行品牌信息沟通、促进员工与顾客之间的互动沟通以及促进顾客之间的口传沟通方面的策略要素优势。

抽象品牌优势要素：是指服务品牌企业在服务理念、品牌价值观、品牌文化等意识和精神要素方面的优势。

品牌创新优势要素：是指服务品牌企业在具象品牌要素、服务沟通要素、抽象品牌要素以及综合三个方面要素开展创新的优势。

（二）测验项目的产生

在说明构念的含义和理论边界后，我们就可以在此基础上对其进行操作化。一般而言，我们可以遵循两种不同的取向发展测验项目：归纳法和演绎法。在归纳法中，研究者通常对研究现象知之甚少，为了了解操作相关概念时所需要的关键指标及其内部结构，研究者需要通过各种方法收集关于构念内容的描述，分析这些描述，并进一步确认这些描述的内在结构。收集构念原始素材的方法通常有：关键事件法、焦点小组法、个人面谈法、开放式问卷法和二手资料法。归纳法是一种"由下而上"开发测验的模式（Hinkin，1998）。而基于演绎法的测验开发模式与之不同，研究者一般通过文献回顾就可以确认理论构念涵盖的范围，通过研究者自己对概念的理解发展或改编现有的测验项目就可以实现对构念的操作化。这是一种"由上而下"的测验开发模式（Hinkin，1998）。

当服务品牌是研究对象时，一方面，研究者对服务品牌现象了解不多；另一方面，文献的品牌理论研究成果却十分丰富。为此，本书结合使用归纳法和演绎法两种方法来开发服务品牌竞争力本体来源要素的测验项目。具体过程如下：首先，对体现服务品牌特征而研究者又知之甚少的服务互动沟通要素，运用关键事件法进行探索，得到服务互动沟通的关键测验项目；然后，对于研究较多的具象品牌要素和抽象品牌要素，则运用演绎法，从品牌本质和服务品牌的相关研究文献中提取测验项目，结合研究者对概念的理解进行

了改编。对品牌创新优势要素则主要基于研究者的理解和服务创新相关研究
文献提出。最终，形成了本书服务品牌竞争力前置因素的量表，见表5-3。

表5-3　服务品牌竞争力本体来源要素测量指标与文献来源

变量名称	测量指标	文献来源
具象品牌要素	服务产品、服务质量、员工素质、公司实力、服务环境和设施	Parasuraman, A. 等（1988）；De Chernatony 等（1999）；Berry（2000）
服务沟通要素	广告、促销、口碑、公共关系以及服务接触	Grace& O'cass（2005）；符国群等（2004）
抽象品牌要素	品牌定位、品牌价值观、品牌形象、品牌个性、品牌文化	De Chernatony 等（2003）；蒋璟萍（2009）
品牌创新要素	服务产品、技术、服务系统、营销以及组织等的创新	Gallouj & Weinstein（1997）；魏江等（2009）

（三）内容效度的评价

内容效度是指测验内容在多大程度上反映或代表了研究者所要测量的构
念①（Haynes，Richard 和 Kubany，1995）。本书运用定性方法来评价量表的
内容效度。定性评价的方法是指通过一组专家就某个构念的测量是否符合他
们对此构念的认识进行主观判断。为此，我们进行了专家访谈，邀请专家对
量表的以下方面发表意见：第一，检查每一测验指标是否具有代表性，即它
们与所界定的内容或行为范围之间是否适当相关；第二，测验指标是否与构
念定义之间实现一一对应；第三，测验指标的分配比例是否反映了所研究构
念中各个成分的重要性。专家组成员包括四位有服务理论研究和品牌研究专
长的学者与四位银行市场经理。最终形成的服务品牌竞争力本体来源要素的
量表包含了22个测量项目，加上6个调查对象的个人资料问题（性别、年

---

① HAYNES S N, RICHARD D C S, KUBANY E S. Content Validity in Psychological Assess-
ment: A functional Approach to Concepts and Methods [J]. Psychological Assessment,
1995, 7 (3): 238-247.

龄、学历、职位等），形成了进行下述探索性因子分析的预调查问卷（见附录3）。

（四）量表内部结构的检验——探索性因子分析

1. 方法简介

通常，量表的效度分析除了内容效度的评价，还需检验量表的内部结构，也称建构效度。建构效度是用来证明测量所获得的结果与反映该测量的理论之间的契合程度。因子分析是检验量表建构效度的主要统计方法，本研究采用探索性因子分析的方法，对量表的内部结构效度进行检验。

因子分析的前提是变量之间的相关性。本书通过 KMO 样本测度和 Bartlett 球形检验两种方法来检验指标间的相关性。一般认为，KMO 值越接近于 1 越适合做因子分析，通常大于 0.5 为进行因子分析的可接受水平，0.6-0.7 不太适合，0.7-0.8 时适合，大于等于 0.9 时，非常适合因子分析（马庆国，2002）。Bartlett 统计值的显著性概率，小于等于 α 时，适合做因子分析。应用主成分分析方法，经方差最大的正交旋转旋转，提取特征值大于 l 的因子，进而对构念效度进行评价，评价标准是：（1）所提取因子累计解释方差的百分比超过 50%；（2）每一个测量项目在其所属的因子的载荷越接近于 1 越好，而在其他因子上的载荷越接近于 0 越好；（3）测量项目在所属因子上的载荷必须大于 0.5；（4）删除自成一个因子的测量项目；（5）删除在两个因子的载荷都大于 0.5 的测量项目。

2. 样本选择与数据收集

探索性因子分析没有很强的理论指导，它只适合在量表开发的初期使用。在我们对量表的内部结构有了比较清楚的理论预期时，验证性因子分析是更为直接的、带有假设检验性质的分析方法。鉴于本书下文将对服务品牌竞争力的形成机理应用结构方程模型展开实证检验，因此，这次的数据收集作为正式调研之前的预调研。一般而言，预试对象的性质应该与将来正式问卷要抽取的对象性质相同，预试对象人数以问卷中包含题项的 3—5 倍人数为原则（吴明隆，2000）。本书拟选择的正式调研对象是银行和酒店的员工及顾客，相对应地，本次预调研选择了济南市的银行和酒店员工。因为调查问卷中包含 22 个题项，所以合理的预试对象数目是 66-110，考虑到问卷损耗，本次预调研共发放问卷 200 份，其中，银行员工问卷 100 份，酒店员工问卷 100 份。最后，回收问卷 171 份，问卷回收率 85.5%，其中银行员工问卷回收 86 份，酒店员工问卷回收 85 份。去除填写不完全问卷后，得到用于数据分析的有效问卷 162 份，问卷收集有效率为 81%。

3. 探索性因子分析结果

本书采用 SPSS13.0 软件的主成分分析方法，进行方差最大的正交旋转，提取特征根大于 1 的因子，进行因子分析。由表 5-4 可以看出，KMO 统计量为 0.899，适于作因子分析。Bartlett 球形检验，P<0.001，拒绝零假设，即相关系数矩阵为单位矩阵的假设，也表明适于作因子分析。提取的因子中前四个因子的特征值大于 1，累积方差解释贡献率 62.69%，超过 50%，表明提取的因子能够很好地解释测量变量。

通过方差最大法正交旋转后，22 个测项归属到 4 个因子，各测项的因子载荷也均大于 0.5（因子载荷矩阵见表 5-5），但是各题项变量与因子的归属关系与设计的量表的结构有所出入。测量具象品牌优势要素的题项 A3、A4 和 A5 分属于另外两个因子，题项 A3 与测量服务沟通优势要素的题项 A6、A7、A8 归于一个因子，题项 A4 和 A5 则与测量服务沟通优势要素（顾客口碑）的题项 A12 归于一个因子。测量抽象品牌优势要素的所有题项与测量品牌创新优势要素的所有题项归于一个因子。题项 A9 在因子 1 和因子 3 上出现了交叉载荷现象。

结合探索性因子分析的结果重新审视测量题项与构念维度之间的逻辑关系，分别用删除了有交叉载荷现象的题项 A9 后的数据以及删除了测量品牌创新优势要素的所有题项后的数据，根据题项归属因子的情况进行数据归类，再进行因子分析（数据调整后的 KMO 和 Bartlett 球形检验以及因子载荷矩阵见表 5-6 和表 5-7）。最终保留了 16 个测量题项，这 16 个题项很好地归属于四个因子，测量题项与构念维度之间呈现出清晰稳定的因子结构，而且四个因子对测量变量的累积方差解释贡献率由 62.69% 提高到 66.128%。因此，根据探索性因子分析的结果，服务品牌竞争力本体来源要素可划分为四个维度，用 16 个测量指标进行测量。只是，需要对四个维度的划分和构念说明稍做修正。据此，对预调研问卷进行修正，形成下文正式调研的员工问卷（见附录5）。

表 5-4 服务品牌竞争力前置因素量表的 KMO 和 Bartlett 球形检验（22 个题项）

Kaiser-Meyer-Olkin 检验		0.899
Bartlett's 检验	近似卡方	2069.460
	自由度	231
	显著性水平	0.000

表 5-5 服务品牌竞争力前置因素量表的因子载荷（22 个题项）

题项	因子			
	1	2	3	4
A1	0.099	0.050	0.169	0.864
A2	0.262	0.107	0.151	0.779
A3	0.158	0.636	0.178	0.276
A4	0.153	0.114	0.727	0.290
A5	0.141	0.140	0.790	0.053
A6	0.208	0.697	0.377	−0.144
A7	0.279	0.800	0.107	0.127
A8	0.255	0.789	0.012	0.072
A9	0.502	0.139	0.536	0.133
A10	0.416	0.260	0.359	0.456
A11	0.451	0.295	0.339	0.454
A12	0.354	0.182	0.577	0.344
A13	0.521	0.030	0.104	0.355
A14	0.595	0.156	0.326	0.169
A15	0.583	0.171	0.297	0.242
A16	0.739	0.269	0.047	0.080

题项	因子			
	1	2	3	4
A17	0. 791	0. 206	0. 063	0. 164
A18	0. 667	0. 272	0. 173	0. 143
A19	0. 690	0. 390	0. 103	0. 193
A20	0. 631	0. 349	0. 138	0. 254
A21	0. 750	0. 153	0. 244	0. 009
A22	0. 759	0. 075	0. 281	0. 133

表 5-6　服务品牌竞争力前置因素量表的 KMO 和 Bartlett 球形检验（16 个题项）

Kaiser-Meyer-Olkin 检验		0. 868
Bartlett's 检验	近似卡方	1232. 675
	自由度	120
	显著性水平	0. 000

表 5-7　服务品牌竞争力前置因素量表的因子载荷（16 个题项）

题项	因子			
	1	2	3	4
A1	0. 125	-0. 008	0. 837	0. 127
A2	0. 206	0. 085	0. 788	0. 143
A3	0. 299	0. 350	0. 605	0. 199
A4	0. 378	0. 373	0. 568	0. 202
A5	0. 113	0. 122	0. 368	0. 721
A6	0. 187	0. 124	0. 076	0. 828
A7	0. 322	0. 220	0. 421	0. 529
A8	0. 120	0. 705	-0. 091	0. 421
A9	0. 227	0. 825	0. 165	0. 069
A10	0. 206	0. 803	0. 082	0. 005

题项	因子			
	1	2	3	4
A11	0.174	0.606	0.273	0.163
A12	0.743	−0.017	0.200	0.156
A13	0.631	0.195	0.188	0.300
A14	0.717	0.193	0.203	0.265
A15	0.732	0.335	0.094	0.045
A16	0.745	0.320	0.222	−0.014

4. 因子命名

因子分析的作用之一是寻求数据的基本结构。根据前文探索性因子分析的结果，本书从预调研收集来的数据中提取出四个公共因子，分别考察归属到每一个因子的测量题项的内容特点，将这四个因子分别命名为服务交互优势要素（题项 A1-A4）、服务品牌基础优势要素（题项 A5-A7）、服务品牌传播和展示优势要素（题项 A8-A11）以及服务品牌文化优势要素（题项 A12-A16）。本章的研究对象是服务品牌，为了行文简洁，除非特殊说明，下文研究变量中的品牌均指服务品牌。

由此，本体视角的服务品牌竞争力前置因素的构成维度修正为服务交互优势要素、品牌基础优势要素、品牌传播和展示优势要素以及品牌文化优势要素四个方面。其中，品牌基础优势要素反映具象品牌的理论构念，品牌文化优势要素反映抽象品牌的构念，服务交互优势要素和品牌传播和展示优势要素结合起来反映表象品牌的构念。需要指出的是，在因子分析中，品牌创新优势要素的所有题项与抽象品牌优势要素的所有题项归属到同一因子，考虑到品牌创新优势要素已隐含在具象品牌优势要素、表象品牌优势要素和抽象品牌优势要素之中，而且，删除品牌创新优势要素的测量题项后，不仅没有影响量表的建构效度，而且使变量累计方差解释的贡献率有所提高，因此，本书去除了品牌创新优势要素的构念，对服务品牌竞争力本体来源要素的构成模型进行了修正（见图5-5）。

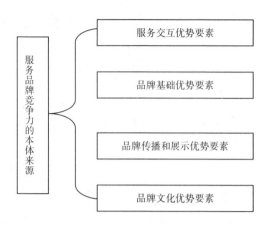

图 5-5　本体视角的服务品牌竞争力前置因素构成的修正模型

（五）量表的信度分析

信度分析是评价测量无偏差的程度，即评价量表测验的结果的一致性、稳定性及可靠性。我们最常用的信度评价指标是针对 Likert 式量表开发的 Cronbach's α（Cronbach，1951）。在实际应用中，一般要求 Cronbach's α 的值要大于 0.7（Hinkin，1998）。本书根据探索性因子分析提取的四个因子的 Cronbach's α 均大于 0.7（见表 5-8），变量总体的 Cronbach's α 是 0.898，说明本书开发的服务品牌竞争力本体来源要素量表具有较高的测量信度。

表 5-8　服务品牌竞争力前置因素量表的信度分析

因子名称	题项数	题项编号	Cronbach'α
服务交互优势要素	4	A1-A4	0.813
品牌基础优势要素	3	A5-A7	0.744
品牌传播和展示优势要素	4	A8-A11	0.807
品牌文化优势要素	5	A12-A16	0.839

综上，在本书第二章本体视角的品牌"三相一体"模型的基础上，结合服务品牌特征以及品牌竞争力的差异化优势来源的文献回顾，提出了本体视角的服务品牌竞争力前置因素的四个维度：具象品牌优势要素、服务沟通优势要素、抽象品牌优势要素以及品牌创新优势要素。按照量表开发的一般步

骤，首先对这四个维度的理论构念进行了说明。接着，应用归纳法和演绎法相结合的方法，产生了本体视角的服务品牌竞争力前置因素的测量项目。最后，应用定性的专家评价法和定量的探索性因子分析方法，对量表的内容效度和建构效度以及量表的信度进行了评价。结果表明，最终开发形成的包含四个变量、16个测量题项的服务品牌竞争力前置因素量表具备较好的效度和信度。基于上述分析结果，我们将本体视角的服务品牌竞争力前置因素的构成维度修正为服务交互优势要素、品牌基础优势要素、品牌传播和展示优势要素以及品牌文化优势要素四个方面，这为后续服务品牌竞争力机理研究的概念模型以及研究假设的提出、实证研究的问卷设计和数据收集以及研究假设的检验奠定了基础。

第六章

服务品牌竞争力形成机理模型与研究假设

在第五章关于服务品牌竞争力本体来源研究的基础上，本章进一步分析了服务品牌竞争力的形成机理。首先介绍了竞争力和品牌差异的经济学解释，借鉴品牌竞争力形成的"源流"说，初步形成服务品牌竞争力形成机理的逻辑框架；然后，结合服务品牌文献回顾，详细阐述从服务品牌差异化优势到服务品牌的顾客感知价值优势，进而形成服务品牌竞争力的作用机理，构建出完整的服务品牌竞争力形成机理的研究模型，并提出一系列相关的研究假设，为后续的实证分析提供理论依据。

第一节　服务品牌竞争力形成机理的理论分析

一、竞争力及品牌的经济学解释

（一）竞争力的经济学解释

在竞争力经济学分析中，假定了相互竞争的企业所生产和销售的产品在类别上是相同的，因而产品具有替代性（有替代性才会发生竞争，有竞争才有竞争力问题）。但不同的企业所生产和销售的产品又有差别性（差别性主要体现在质量、品牌等方面），这种差别性导致了消费者对不同企业的产品采取不同的态度（如满意、忠诚或不购买）。由常理得知，同质性越强，竞争越激烈；异质性越强，替代性越弱，竞争性越小。完全的异质性意味着没有竞争关系。所以，从经济学理论上分析竞争力，实际上就是在产品的同质性和差异性之间以及替代性和非替代性之间，来寻求一个适当程度的把握①（金碚，2003）。如图6-1所示，T点是完全同质和完全可替代的产品，C点是完全不同质和不可替代的产品，当同类产品中存在一定的差异性，而差异程度并未使之成为不同类的产品，即处于图中的UV区间时，产品就会存在以质量、品种、品牌等为内容的差异性竞争关系，就出现了竞争力问题。

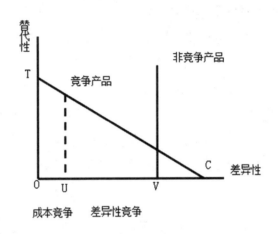

图6-1　产品替代性和差异性所决定的竞争关系②

（二）品牌的经济学解释

品牌的竞争力是生产者和消费者共同创造的结果。没有生产者的品牌化实践和消费者的品牌化消费，就没有品牌竞争力产生的土壤。但从根本上讲，品牌的竞争力取决于消费者的选择。只有被消费者认可的品牌才具有市场力量，才能为企业带来超额利润。

品牌经济学分析指出，品牌对于消费者的作用在于降低了购买的决策成

---

① 金碚. 竞争力经济学 [M]. 广州：广东经济出版社，2003：9.

② 金碚. 竞争力经济学 [M]. 广州：广东经济出版社，2003：10.

本，即消费者选择成本。从经济学的角度考察消费者的购买选择过程，研究者把每个选择行为划分为四个基本环节，如图 6-2 所示，这四个环节依次是：需求产生、信息搜寻、备选集的建立和做出择优决策。

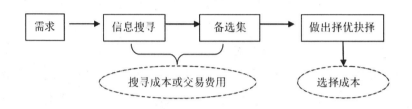

图 6-2　消费者一般选择过程模式①

市场上品牌数量的增多是信息爆炸时代或网络时代的一个重要表现，消费者的选择行为于是分成品牌选择和数量选择两个阶段，品牌选择成为消费者选择的第一步。在品牌选择阶段，由于信息相对于消费者的注意力是供给过剩的，因此消费者将依据选择成本最小化原则进行品牌选择（孙曰瑶、刘华军，2007）。也就是说，在价格一定或已知的条件下，理性的消费者将倾向于选择那些选择成本较低的品牌。如果一个品牌能够采取有效策略降低消费者的选择成本，消费者对该品牌的需求就会上升，品牌的市场竞争力就会增强；反之，则会降低品牌需求，减弱品牌竞争力。

经济学中的豪泰林模型分析了在产品性能相同的情况下，厂商的空间差异和消费者偏好能够带来产品差别优势。具有多层次内涵的品牌拓展了产品差异化的形式，同时不只是拓展了地理空间，更重要的是拓展了消费者的心理空间。消费者的品牌偏好会影响品牌的需求曲线，进而影响消费者的价格敏感度和企业利润。

品牌对于服务消费者尤其重要。因为从评价的角度而言，消费者在购买之前很难对服务进行评价。产品的评价属性通常划分为三类：搜寻特性（Search Quality）、经验或体验特性（Experience Quality）和信任或信用特性

---

① 孙曰瑶，刘华军. 品牌经济学原理［M］. 北京：经济科学出版社，2007：7.

（Credence Quality）。搜寻特性是指消费者在购买之前可以评价的属性如式样、颜色、气味等；体验特性是指消费者只有在亲身经历后才能做出评价的属性如就餐、度假等服务；信用特性是指消费者在购买之后都难以做出评价的属性如外科手术等。实体商品由于具有更多的搜寻特性因而容易做出评价，服务由于其无形性、异质性、生产与消费的不可分性等特点，表现更多的是体验特性和信用特性，因而很难在购买之前进行择优。品牌为服务消费者提供了一种解决途径，服务品牌厂商可以通过提高品牌的信用度，降低消费者的选择成本，减少其决策风险。从消费者角度而言，价格竞争和品牌竞争都能提高消费者的选择效率，但表现形式不同。价格竞争机制降低的主要是货币成本，品牌竞争机制降低的主要是时间、精神和体力成本。

二、品牌竞争力形成机理的"源流"说

关于品牌竞争力形成机理的深入讨论比较缺乏，胡大立（2005）提出的"源流"分析思路比较有借鉴价值。根据《辞海》中的释义，"源流原指水的本源和支流，引申为事物的本末"。"源"是基础性、主导性的，它是"本"；"流"则是派生性、从属性的，它是"末"。在事物的发生发展过程中，深层的决定性原因，属于"源"，浅层的表象性属性，属于"流"。源流分析就是要解决事物"从哪里来，往哪里去"的问题。

竞争力作为一种市场力量，其力量"源"在哪里？为解释清楚这个问题，胡大立借助物理学的"力"与"势"的概念来解析（胡大立，2005）。在物理学中，"势"是一种相对位置，处于较高地位的物体具有较高的势能；"力"是某一物体与另一物体相互作用时表现出来的一种外部力量或作用力。竞争优势与竞争力的关系同理于物理学"势"与"力"的关系。势是一种潜在的能量，而力是一种现实的力量，通过一定的条件作用，这种潜在的能量能转化为现实的"力量"。由此，竞争优势与竞争力的关系是因果关系，竞争优势是竞争力的源泉。

从这个角度理解，品牌竞争力的"源"是品牌优势。所谓品牌优势是指品牌在满足消费者特定需求基础上，在其独特性或个性化方面所显示出来的、

与竞争对手形成具有比较优势的差异，以及由这种差异产生的品牌势能。如图 6-3 所示。

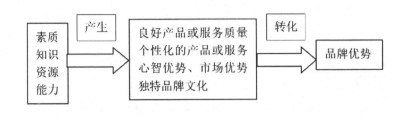

图 6-3 品牌竞争力的"源"——品牌优势①

胡大立（2005）进一步指出，在企业所有资源和品牌信息中，形成品牌优势进而生成品牌竞争力的贡献要素很多，包括：（1）企业的资金实力、人力资源、经营能力、软硬环境；（2）为开展营销而进行的公共关系、通路建设、广告等；（3）品牌的名称、标记、个性诉求等；（4）产品的品质、功能、价格等要素等。它们之间的作用关系如图 6-4 所示。

余可发（2009）对品牌竞争力生成要素的归纳与胡大立有所不同，主要从消费者感知的角度探索了品牌竞争力生成体系。他选取了 30 名 MBA 学员作为方便样本，对他们进行了开放性的问卷调查。数据收集之后采用了内容分析方法对数据进行处理，得到了影响消费者选购品牌的因素清单。因素类别主要包括品牌归属、品牌产品、品牌识别、品牌喻义和品牌人性化五个层面。品牌归属是指消费者在对品牌选购时，越来越注重产品提供者的情况，国际化形象和优秀的企业形象能为产品销售提供保障和附加价值。产品是品牌的实物载体，消费者会产生许多与产品特性及属性相关的联想，从而构成品牌竞争力的重要内容。品牌识别是指品牌名称、标识、色彩、语言、广告等，是品牌整体形象的高度浓缩和象征，例如，麦当劳的金色"M"型标志。

---

① 胡大立，谌飞龙，吴群. 品牌竞争力的内涵及其源流分析［J］. 经济问题探索，2005（10）：30.

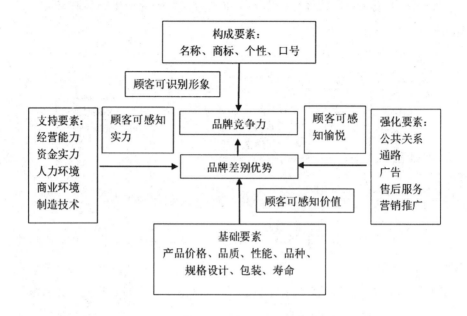

图6-4 生成品牌竞争力的贡献要素①

品牌喻义是指除品牌带给消费者的功能价值之外的情感、心理价值。例如，知名度越高，品牌认知越充分，品牌联想越丰富，品牌带给消费者的情感价值、社会价值越多。品牌美誉度则能减少消费者购买过程中的风险、损失，品牌使用者群的特征则能给消费者带去特殊的社会价值。因此，品牌喻义也是品牌竞争力的重要解释变量。品牌人性化则是指人们赋予品牌的人性化特征，包括品牌个性、品牌文化和品牌关系三个方面。

本书认同胡大立关于品牌竞争力形成机理的"源流"说，即品牌的差别优势是品牌竞争力的源泉，而且品牌的差别优势只有转化为顾客感知的优势，才能最终影响并决定消费者的购买行为，进而形成品牌竞争力；但对于品牌差别优势的贡献要素有不同看法，本书认为，无论从企业角度还是从消费者感知角度归纳品牌差别优势的贡献要素都是不全面的，品牌是企业和消费者

---

① 胡大立，谌飞龙，吴群. 品牌竞争力的生成及其贡献要素优势转化机制分析［J］. 科技进步与对策，2005（7）：81-83.

共同创造而成，从品牌本体角度能更全面地归纳出品牌差别优势的贡献要素。而且，关于服务品牌的差别优势及其贡献要素，还须结合服务品牌的特征具体分析。

三、顾客感知价值对服务企业竞争力的影响

20 世纪 90 年代以来，顾客感知价值受到营销学者和企业管理者的广泛重视，并为企业竞争力研究提供了一个外部顾客视角。前文的文献综述中指出，传统的企业竞争力的研究范式主要有三类：一是"结构—行为—绩效"范式（Porter，1980）。该范式强调企业对外部环境的适应，指出产业结构变量影响战略行为的选择，而战略行为的实施最终影响到企业的竞争力。二是"战略—结构—绩效"范式。该范式起源于钱德勒（Chandler，1962），强调战略与企业组织结构之间的匹配导致更强的企业竞争力。三是"资源基础观"范式（Wernerfelt，1984），该范式强调企业内部特性对战略和绩效的影响，指出不可模仿性、独特性、灵活性是决定战略的重要因素，有助于建立企业可持续的竞争优势，而此后的核心能力理论（Prahalad & Hamel，1990）则是基于资源的企业理论的延伸与发展。可见，企业竞争力研究范式从以战略形态选择、环境适应为重点转向了重视企业资源与能力，战略视角从外部环境转向了企业内部。它们都认为正确的战略将提升企业竞争力，企业应通过能力、资源来提高企业所提供的价值。显然，这三种研究范式均采取了企业内部视角，而战略形式与企业竞争力之间的作用机制是什么，并不是它们探讨的主体内容。

学界对顾客感知价值的研究表明，企业竞争力取决于顾客对企业产品或服务价值的认可程度，顾客感知价值决定了企业的竞争优势。企业战略的实施必须经由顾客感知过程，影响顾客未来购买意向，进而影响到企业绩效。企业为顾客提供卓越价值的能力是企业竞争力的关键所在，是一种重要的差异化手段，也是企业保持持续竞争优势的秘诀（Gronroos，1994）。如果企业比竞争对手为顾客提供更高的感知价值，就能提高顾客满意和顾客忠诚，进而使顾客持续购买，增加关联销售，并形成推荐人效应，最终实现顾客少流

失、企业高收入、管理低成本的效果（Reichheld & Sasser，1990）。所以，有研究者认为，可以将顾客感知价值视为企业战略与企业竞争力的关键联结环节，并将之作为企业竞争力研究范式中的一个重要内容（范秀成、罗海成，2003）。顾客感知价值在企业战略与企业绩效之间的作用机制见图6-5。

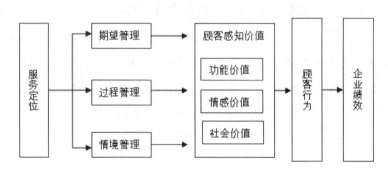

图6-5　顾客服务感知价值决定因素模型①

四、服务品牌竞争力形成机理的分析框架

综上分析，本书认为，服务品牌竞争力的形成是服务企业的品牌差别优势和顾客感知价值优势综合作用的结果。服务品牌差别优势是形成服务品牌竞争力的必要条件，顾客感知价值优势则是形成服务品牌竞争力的充分条件。在市场机制下，只有真正被消费者所感知的品牌差别优势才会影响并决定消费者的最终购买选择，才能转化成品牌竞争力，消费者无法感知的优势不会产生品牌竞争力。因此，品牌差别优势以及消费者对这种差别的认知共同决定了品牌竞争力的产生。服务品牌竞争力形成机理的分析框架如图6-6所示。

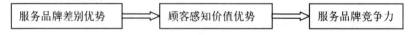

图6-6　服务品牌竞争力形成机理的分析框架

---

① 范秀成，罗海成. 基于顾客感知价值的服务企业竞争力探析［J］. 南开管理评论，2003（6）：43.

第二节　服务品牌竞争力形成机理的模型构建

一、服务品牌差别优势的构成分析

服务品牌研究的文献综述表明，服务品牌具有不同于产品品牌的下述特点：（1）服务品牌涵盖的品牌要素比产品品牌更多、更复杂。因此，消费者的服务品牌联想也更丰富，除了包括产品相关因素（如核心功能）和非产品相关因素（如价格、包装、使用者形象和用途等）两大类之外，服务人员和服务活动过程成为形成服务品牌联想的重要来源。（2）相对于产品品牌而言，服务品牌与顾客之间的沟通接触点更多。产品品牌与顾客沟通的接触点主要是广告、促销等基本营销活动，而服务品牌还可以用服务环境、员工形象和服务设施等接触点与顾客进行沟通、体验。（3）顾客对服务品牌的评价主要取决于顾客对服务过程的体验，服务的无形性使消费者很难在购买之前对其做出评价。（4）服务品牌的管理是在公司水平而不是产品水平上进行的。有效的服务品牌战略是由高层管理者进行管理，协调营销和人力资源管理等部门共同实施的企业整体品牌战略。鉴于服务品牌在品牌要素、品牌沟通、消费者品牌感知及评价以及品牌管理等方面的差异化表现，因此，服务品牌差别优势的来源也更为广泛。在微观视角的品牌竞争力来源理论分析的基础上，本书第五章分析了服务品牌差别优势的本体来源要素，并进行了探索性因子分析。研究结果表明，服务品牌差别优势的本体来源要素可以归纳为四个方面：品牌基础要素、服务交互要素、品牌传播和展示要素以及品牌文化要素。

（一）品牌基础要素优势

品牌基础要素优势是指服务品牌企业在人员、技术、资本实力以及顾客资源等物质基础要素方面的优势。品牌基础要素优势反映了具象品牌的理论构念。

(二) 服务交互要素优势

服务交互要素优势是指服务品牌企业与顾客发生交互作用的质量水平以及人员表现等方面的优势。服务交互要素优势反映了表象品牌的理论构念，主要测量的是服务过程中的人际沟通表现。

(三) 品牌传播和展示要素优势

品牌传播和展示要素优势是指服务品牌企业通过广告、宣传、促销等传播策略以及有形展示等与顾客进行信息沟通等方面的优势。品牌传播和展示要素优势也反映了表象品牌的理论构念，但主要测量的是服务提供过程中的非人际沟通表现。

(四) 品牌文化要素优势

品牌文化要素优势是指服务品牌企业在价值主张和服务理念、品牌愿景和品牌使命以及品牌形象等精神和文化要素方面的优势。品牌文化要素优势反映了抽象品牌的理论构念。

二、服务品牌顾客感知价值优势的构成分析

(一) 顾客感知价值的内涵与特征

顾客感知价值的概念最早来源于迈克尔·波特对竞争战略与竞争优势的研究，他通过对买方感知价值与企业战略生成关系的讨论，将买方价值比作买方感知绩效与买方成本之间的权衡 (Porter, 1985)。波特所指的买方成本主要是指价格。服务理论研究者 Zeithaml (Zeithaml, 1988) 指出，顾客感知价值是消费者在所得与所失的感知基础上，对产品或服务效用的总体评价。她还对顾客的感知所得和感知所失进行了分析，感知所失已超越了单一的价格范围。这一定义成为服务研究中顾客感知价值概念的基础。后来，Woodruff (Woodruff, 1997) 指出，顾客的比较标准并不仅限于自身感知利益和感知付出的权衡，还应该是相对于竞争企业的产品或服务的比较过程。他认为顾客感知价值是一个多维度的概念，并提出了一个产生广泛影响的顾客价值层次

模型（见图6-7）。目前，顾客感知价值并没有一个统一的定义。

综上分析，本书认为，顾客感知价值是指顾客对企业提供的产品或服务所具有价值的主观认知，它是顾客对感知所得与感知付出比较和权衡的结果，也是顾客对企业提供的产品或服务效用与竞争企业相比较的结果。

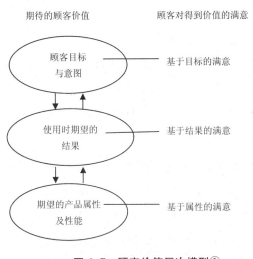

图 6-7　顾客价值层次模型①

顾客感知价值具有下列特征：一是主观性，即顾客感知价值是由顾客主观判断决定的，不同于传统的顾客价值概念。顾客价值概念是指企业认为自己的产品或服务可以为顾客提供的价值，属于企业内部认知导向；而顾客感知价值是指顾客对企业所提供的产品或服务的价值判断，属于外部顾客认知导向。二是比较性，它既是顾客对感知所得与感知付出比较的结果，也是与竞争企业比较的结果，这正是顾客感知价值的形成机理。三是多维性，顾客对价值的主观认知是多层次或多层面的，既包括基于属性和交换的功能价值，也包括基于过程和心理体验的非功能价值。此外，顾客感知价值还具有权变性，不同消费者对同一产品或服务感知不同，即使同一顾客在不同场合的感

① WOODRUFF R B. Customer Value：The Next Source for Competitive Advantage ［J］. Journal of the Academy of Marketing Science，1997，25（2）：139-153.

知也可能有所区别。

（二）顾客感知价值的构成维度

基于顾客感知价值的内涵和特征，学者们从顾客角度出发，探寻了顾客感知价值的构成维度。Sheth 等（Sheth, et al. 1991）将顾客感知价值划分为功能性价值、社会性价值、情感性价值、知识性价值和情境性价值五类。这种以消费者需求为理论依据的层次性价值划分为后续研究奠定了基础。Gronroos（1997）将关系营销范式引入顾客感知价值范畴，他认为"顾客价值不仅来源于核心产品和附加服务，还应包括维持关系的努力，发展良好而持续的顾客关系也可以创造价值"，因而将顾客的感知价值划分为核心价值和增益价值两类，其中的增益价值即是综合考虑了关系收益和关系成本的主观评价。Sweeney 和 Soutar（2001）通过实证研究提出了四种价值维度：一是情感价值，指顾客从商品消费的感觉和情感状态中所得到的效用；二是社会价值，指产品提高社会自我概念给顾客带来的效用；三是质量价值，指顾客从产品感知质量和期望绩效比较中所得到的效用；四是价格价值，指短期和长期感知成本的降低给顾客带来的效用。在此基础上，范秀成（2003）将顾客感知价值划分为三个维度：功能价值、情感价值和社会价值，其中功能价值包含了 Sweeney 和 Soutar 所说的质量价值和价格价值，并给出了函数表达式：

顾客感知价值＝f（功能价值，情感价值，社会价值）＝f（顾客感知所得，顾客感知付出）①

张凤超和尤树洋（2009）对顾客感知价值维度模型进行了系统的梳理，发现国内外学者主要从三种不同的路径展开理论与实证研究。第一类是内省式感知价值的研究路径，主要从群体心理学视角、基于心理感知设计感知价值的结构维度。这种方法重视顾客体验价值的主观性。第二类是情景关联式感知价值的研究路径，主要从顾客与消费情境关联的视角，根据顾客与情境不同的联系与互动方式来设计感知价值的结构维度。第三类是层次式感知价

---

① 范秀成，罗海成. 基于顾客感知价值的服务企业竞争力探析 [J]. 南开管理评论，2003（6）：42.

值的研究路径，主要以马斯洛需求层次理论为基础，认为顾客感知价值是一个具有层次性的整体概念。

上述三种研究路径反映了研究者对顾客价值内涵与特征理解上的不同侧重。内省式感知价值的研究路径重视顾客自身感知的主观性、复杂性、结构性等特点，但忽略了消费情境和社会环境对顾客感知的客观影响；情景关联式感知价值的研究路径分析了顾客和消费情境的联系和互动方式，突出了顾客感知价值的动态性和权变性，但对顾客感知价值内在结构的归纳和揭示尚有不足。层次式感知价值的研究路径因为比较准确地反映了顾客需求的水平和层次，体现了顾客感知价值的整体性，并且具有清晰的结构而容易测量，因而成为众多研究者常用的一条研究路径。

本书采纳层次式感知价值的研究路径以及范秀成的观点，将顾客感知价值划分为功能价值、情感价值和社会价值三个层面。因为顾客的感知价值在产品和服务方面并没有根本的不同，其形成的理论基础都是马斯洛的需求层次理论，其形成机理都是顾客对感知所得与感知付出比较且与竞争企业比较的结果，而且很多研究成果来自服务领域，所以本书依据顾客感知价值的层次划分，将服务品牌的顾客感知价值优势从功能价值优势、情感价值优势和社会价值优势三个维度进行衡量。

三、服务品牌竞争力构成分析

回顾文献，至今尚未发现关于服务品牌竞争力的系统研究，也没有关于服务品牌竞争力的定义。目前对于服务与竞争力相结合的研究主要集中在对服务企业竞争力的研究，主要有服务企业竞争力的八要素理论和服务企业竞争力的四阶段理论。服务企业竞争力的八要素理论认为，服务概念可分为四种结构要素，即传递系统、设施设计、地点和能力规划；四个管理要素，即服务接触、质量、能力与需求的管理、信息。这八个要素体现了服务企业的竞争力（菲茨西蒙斯，2000）。服务企业竞争力的四阶段理论根据服务企业在服务传递方面的竞争力将服务企业分为四个阶段，即提供一般服务阶段、学徒期、获得出众能力阶段和提供一流服务阶段（Chase & Hayes，1991）。这两种理论都从内部视角考察服务企业竞争力的来源，对于服务企业在市场竞争中的表现没有涉及，更未提及服务品牌要素。

作为品牌竞争力在服务领域的扩展，服务品牌竞争力既具有品牌竞争力的一般特征，又应该体现服务的特殊性。品牌竞争力是企业核心竞争力的外在表现（张世贤等，2011），主要有以下特点：第一，品牌竞争力具有不可替代的差异化能力，是企业所独具的能力，是竞争对手不易甚至是无法模仿的。第二，品牌竞争力具有使企业持续盈利的能力，更具有获取超额利润的品牌溢价能力。第三，品牌竞争力是企业长期积淀下来的能力，作用长久，一般情况下不随环境的变化而发生质的变化。因此，它具有持续性和非偶然性的特点。第四，品牌竞争力具有延展力，使企业得以扩展应有的潜力。第五，品牌竞争力具有构建竞争壁垒的能力。由此可见，品牌竞争力反映了企业借助品牌开拓市场、占领市场而持续盈利的能力。服务的特点之一是过程性，服务品牌不同于制造业品牌的一个突出特点是企业与消费者的共同创造，顾客因更深入地介入服务过程而成为服务品牌的共同生产者。

本书界定服务品牌竞争力如下：服务品牌竞争力是服务企业综合竞争力的表现，是指服务企业围绕品牌进行资源的有效配置和使用，使其品牌比竞争对手的品牌通过创造更大的顾客价值而赢得消费者的支持，进而在扩大市场份额、获取高额利润方面与竞争品牌在市场竞争中产生的表现力。根据此定义，一方面，强大的服务品牌如同强势制造业品牌一样，能够帮助服务企业开拓市场、占领市场并获取超额利润；另一方面，强大的服务品牌更能通过创造并传递比竞争对手更优异的顾客价值而获得消费者的支持，换言之，强大的服务品牌具有比竞争品牌更高的知名度、顾客满意度和品牌忠诚度。

根据上述分析，本书从微观角度提出服务品牌竞争力的四个构成维度：市场表现力、品牌知名度、品牌满意度和品牌忠诚度。其中，市场表现力不仅指服务品牌的市场占有率和覆盖率，还包括品牌溢价表现，即服务企业获取超额利润的能力。

四、服务品牌差别优势对服务品牌竞争力的影响机制模型

综合上述分析，本书将服务品牌竞争力形成机理的分析框架发展成图 6-8 所示的服务品牌差别优势对服务品牌竞争力的影响机制模型。

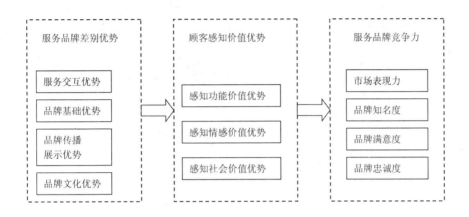

图 6-8　服务品牌差别优势对服务品牌竞争力的影响机制模型

五、服务品牌竞争力形成机理的研究模型

本书对服务品牌竞争力形成机理的分析主要分为两步，第一步首先分析服务品牌差别优势对顾客感知价值优势的作用，第二步分析顾客感知价值优势对服务品牌竞争力的作用。通过这两步的分析和假设，结合服务品牌竞争力构成维度之间相互作用的分析和假设，本书构建的服务品牌竞争力形成机理的研究模型如图 6-9 所示。

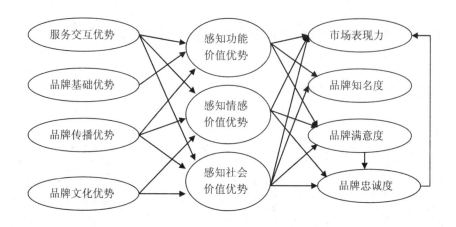

图 6-9　服务品牌竞争力形成机理的研究模型

第三节　服务品牌竞争力形成机理的研究假设

一、服务品牌差别优势对顾客感知价值优势的作用

（一）服务品牌基础优势对顾客感知价值优势的作用

品牌建设离不开基本的物质条件，服务品牌基础优势是指服务品牌企业在人员、技术、综合实力等物质基础要素方面的优势。服务品牌在基础要素方面的表现会影响服务品牌的供给能力，进而影响服务质量和顾客对服务品牌的感知价值。

通常，服务管理者在平衡服务供给和服务需求上面临比产品品牌更大的挑战，主要问题是服务缺乏库存，而这归因于服务的易逝性以及服务生产与消费的同时性。例如，特定航班上没有销售出去的座位不可能在第二天继续出售，随着航班的起飞，这些座位的生产能力已经消失了。而且，服务不能从一个地方运输到另一个地方。例如，某家酒店的服务在冬季不可能从北方转移到海南，那里是冬季理想的度假胜地，对酒店的需求很高。一般而言，那些涉及对顾客本人或他们的所有物采取有形行动的服务比以信息为基础的服务更有可能受服务生产能力的影响（Lovelock，2001）。类似的能力问题也可能在顾客不得不到服务现场接受服务的情况下发生，例如，传统的零售银行业务。

服务品牌供给能力的限制因素主要有时间、人员、设备与设施等服务资源，而时间往往也是一个与人员、设备与设施有关的因素。很多专业服务如医院、大学、律师事务所等，专业人员的数量、能力和时间在很大程度决定了服务的供给能力。当出现需求高峰时，这些服务机构往往因为人手不足而难以满足需求，或者造成服务质量水平的降低。还有一些服务的供给则受到设备和设施的限制，如航空公司的运输能力取决于拥有飞机的数量和容量，电话公司的通话能力取决于程控交换设备。

服务能力的过度使用或使用不足可以造成服务质量差距（Zeithaml et al. 1990），使服务供应商难以提供设计好的、对顾客承诺的确定的服务。当服务需求超过最大生产能力时，服务质量将由于员工和设施的超负荷使用而降低；在需求水平低而导致服务生产能力闲置时，企业可能会降低价格或削减服务项目，造成老顾客结构和服务特点的改变，因而面临无法提供顾客所需要服务的风险。顾客无法购买和消费预期的服务，其感知的服务质量就会受到影响。顾客感知的服务质量包括技术质量和功能质量两部分（Gronroos，1997），技术质量是指企业向顾客提供了什么服务，即服务结果质量；功能质量是指企业怎样提供服务，即服务过程质量，两者共同构成顾客对服务质量的主观认知。服务能力的过度使用或使用不足对服务结果质量和服务过程质量都会产生影响，进而影响到反映总体效用评价的顾客感知价值的大小。顾客感知服务质量模型为了解服务的特性提供了基本的理论分析框架，但它不是一种服务质量评价模型（Gronroos，2007），服务利润链理论中的顾客价值等式（Heskett et al. 1994）则在服务质量评价和顾客满意之间架起了一座桥梁。鉴于进入顾客感知价值评价的主要是基于服务产品属性的特征，因此服务品牌企业在人员、设备设施、技术和综合实力等方面的基础优势通过形成服务质量而主要影响顾客感知的功能价值。

基于上述分析，本研究提出如下假设：

H1：服务品牌基础优势对顾客感知价值优势有显著的正向影响；

H1a：服务品牌基础优势对顾客感知的功能价值优势有显著的正向影响。

（二）服务交互优势对顾客感知价值优势的作用

服务是过程、行为和表现。在 PZB 经过实证研究提出的服务质量五维度模型（Parasuraman et al. 1988）中，除了可靠性维度反映的是服务结果质量，其余四个维度响应性、保证性、移情性和有形性反映的都是与过程相关的服务质量。这说明服务过程对形成顾客的服务质量感知发挥重要作用。

顾客服务感知价值不仅来源于服务质量，更在于服务品牌企业与顾客交互过程中的一个个"真实瞬间"（The Moment of Truth）。从顾客角度来看，当顾客与服务企业接触时，一项服务能够在每一个"真实瞬间"中给其带来最生动的印象。在服务传递过程中，顾客接触最多的就是服务人员，尤其是一线员工。在顾客心目中，服务人员就是服务，就代表了服务组织。服务人员的表现直接影响顾客对服务的满意度。从这个角度来看，服务人员不仅是服务的生产者，还起着营销人员的作用。按照服务的整体传播观念，一线服务人员的所有服务活动和服务接触都是服务信息的传播，属于交互营销传播（梁彦明，2004）。服务品牌企业通过对服务过程和服务人员加强管理，形成服务交互优势，将有助于全面提高顾客的服务感知价值。

首先，服务交互优势有利于提高顾客的功能价值。功能价值的一个重要方面是顾客感知服务质量，而服务交互优势能够带给顾客更高的过程质量。顾客对结果质量的衡量相对是比较客观的，企业通过有效的顾客期望管理和服务运作，就能较好地满足顾客的需求。由于服务同质化倾向越来越明显，依靠结果质量创建竞争优势十分困难。而服务人员与顾客的互动关系是唯一的、不可模仿的。顾客在服务过程中可以体验到企业独特的服务方式，从而有效提高顾客的服务感知价值。例如，在医疗过程中，医生的细微关切可以提高患者的信任度，降低其风险心理成本。

　　其次，服务交互优势有利于提高顾客的情感价值。在服务传递过程中，服务人员往往需要付出体力劳动与脑力劳动之外的劳动——情感劳动（emotional labor）（Hochschild，1983）。那些能够很好适应工作中情感付出需求的员工，不仅能够更及时地响应顾客的要求，而且能够更热情、主动地满足顾客，从而增强顾客的正面情感。这种情感价值为顾客提供了外在和内在双重利益。例如，在零售业中，顾客既能从友好的交易接触中就得到快乐之感，还能通过与服务人员建立亲密的人际关系而体验到内心的愉悦，这种情感价值就是来源于顾客对服务过程的体验。

　　最后，服务交互优势有利于提高顾客的社会价值。在许多服务中，顾客是服务过程中不可缺少的资源投入。通过优秀的服务过程设计，让顾客成功地参与服务生产和传递过程，使他们的创造、合作能力与特长得到充分的体现，这有利于提高顾客的能力自我和成就自我概念；同时，顾客与服务人员建立良好的友谊，提高了顾客的社会接受性认知。由此，顾客的社会价值得到了很好满足。

　　基于上述分析，本研究提出如下假设：

　　H2：服务交互优势对顾客感知价值优势有显著的正向影响；

　　H2a：服务交互优势对顾客感知的功能价值优势有显著的正向影响；

　　H2b：服务交互优势对顾客感知的情感价值优势有显著的正向影响；

　　H2c：服务交互优势对顾客感知的社会价值优势有显著的正向影响。

　　（三）服务品牌传播和展示优势对顾客感知价值优势的作用

　　服务品牌传播和展示是服务企业以品牌为核心，对基本的营销传播活动如广告、促销、宣传等以及设计的服务有形要素进行的整合营销传播。美国学者 Berry 在服务资产模型（Berry，2000）中指出，企业展示的品牌和外部品牌沟通都会影响消费者的品牌认知和品牌意义。企业展示的品牌主要包括广告、服务场景、员工形象、企业名称及标识等；而外部品牌沟通则受企业无法控制的因素（如口碑、公共关系等）的影响。相对于外部品牌沟通，企业展示的品牌更有利于提高品牌认知。澳大利亚学者 Grace 和 O'cass（2005）在服务品牌消费者选择模型中，将品牌沟通划分为可控的沟通（如广告和促销）和不可控制的沟通（如口碑和公共关系等）。本书所指的服务品牌传播和展示属于企业可控制的品牌沟通，除了广告和促销，还包括设计的品牌有形展示如建筑物外观、员工形象、企业名称及标识等，类似于英国学者 De Chernatony 和 Segal–Horn（2003）在服务品牌管理模型中提出的外部品牌沟通。

服务品牌传播和展示向顾客提供了或明示或暗示的服务承诺，通过影响顾客的服务期望进而影响顾客的服务感知价值。顾客对服务是否满足自己需求（包括功能、情感和社会价值）的评价是建立在顾客期望与实际感知的比较基础之上的。顾客期望在购买和接受服务之前就已存在，服务企业的品牌传播和展示策略是形成顾客期望的信息源之一。一般而言，顾客会根据自己过去的经验、媒体宣传、企业形象、其他顾客的口碑等信息来源，对服务的功能价值、情感价值和社会价值等形成一种心理期望，并成为服务感知价值判断的重要标准。如果实际感知超出顾客期望，顾客将产生惊喜性评价；相反，则将导致顾客不满。根据自己的服务定位，企业可以利用传统的营销活动向顾客做出明确的功能、情感和社会价值承诺。同时，企业还可以通过服务设施的设计和布置来影响顾客期望。例如，酒店可以通过高档的建筑装修，向顾客传递高功能价值和高社会价值的信号。需要指出的是，服务企业的品牌传播和展示应该是适度的，要避免过度宣传，以免使顾客产生超过企业绩效的心理预期。如果企业无法实际传递承诺的服务，期望越高，顾客就越容易失望。

基于上述分析，本研究提出如下假设：

H3：服务品牌传播和展示优势对顾客感知价值优势有显著影响；

H3a：服务品牌传播和展示优势对顾客感知的功能价值优势有显著影响；

H3b：服务品牌传播和展示优势对顾客感知的情感价值优势有显著影响；

H3c：服务品牌传播和展示优势对顾客感知的社会价值优势有显著影响。

（四）服务品牌文化优势对顾客感知价值优势的作用

品牌的底蕴是文化。从抽象品牌层面来看，产品品牌和服务品牌的品牌文化构成并无差异。国内学者从不同的角度分析了品牌文化的结构，把它区分为不同的层次。比较有影响的划分有两种，一种是将品牌文化划分为品牌物质文化和品牌精神文化两个层次，其中，品牌物质文化包含企业物质条件和器物文化，是精神文化的外化。品牌精神文化是在长期的品牌经营过程中，因受社会经济和意识形态影响而形成的文化观念和精神成果，是品牌文化的核心（乔春洋，2005）。另外一种是将品牌文化划分为品牌物质文化、品牌行为文化和品牌精神文化三个层次（朱立，2006；蒋璟萍，2009）。其中，品牌物质文化是品牌的表层文化，包括产品特质（产品功能和品质特征）和符号集成（如品牌名称、标识、颜色、气味等）两方面。品牌行为文化是品牌管理和营销活动中的文化表现，是品牌价值观、企业理念的动态体现。品牌精神文化是品牌文化的核心，它是有关品牌精神和品牌价值观方面的内容，决定了品牌将成为什么样的品牌。本书采纳品牌文化的三层次说，认为服务品牌文化包括品牌物质文化、品牌行为文化和品牌精神文化三个部分，其中，品牌精神文化是品牌文化的核心和精髓所在。鉴于品牌物质文化和品牌行为文化的内容通过前面三个维度有所涉及，在此讨论的服务品牌文化仅指品牌精神文化。

服务品牌的精神文化包括内在要素和外在要素，内在要素包括品牌理念和品牌定位，外在要素包括品牌形象和品牌个性。服务品牌精神文化的内在要素表现决定了外在要素的表现。

品牌理念是品牌运作的所有行为的信念和准则，包括品牌愿景、品牌使命和品牌价值观等（蒋璟萍，2009）。其中，品牌价值观是品牌理念的核心内容，所谓价值观，是评价主体对评价对象及其价值性的基本看法及标准，它从本质上反映评价主体内在的基本价值取向。在服务企业，品牌价值观应该是服务管理者和一线员工共享的价值观；在市场中，品牌价值观应该被消费者接受或认同。具有共同价值观的服务企业对服务员工有着巨大的凝聚作用，能极大地激发员工的服务热情和服务主动性，从而创造更大的顾客价值。消费者对企业品牌价值观的认同则能增强其品牌忠诚度。品牌理念是品牌定位的基础。从顾客价值角度，服务品牌定位就是形成企业鲜明的价值主张，即服务能够为顾客带来什么样的独特利益和效用。有效的品牌定位建立在对顾客需求的充分了解基础之上。一般来说，顾客需求可以分为显性需求、隐性需求和模糊需求三类（范秀成，2003）。企业尤其要重视发掘顾客的模糊需求，因为大多数企业的服务都包含了显性需求，隐性需求则是顾客认为企业理所当然提供的内容，竞争企业在这些方面呈现出同质化倾向。模糊需求往往是顾客无法表达出来、但却是内心的一种潜在需求。在服务中，顾客对功能价值的需求较为显性化，而对情感价值和社会价值的需求则相对模糊化，因此能够充分体现顾客的情感价值和社会价值需求的服务品牌定位更能打动消费者。

品牌形象和品牌个性反映了品牌的人格化特征，是品牌精神文化的集中表现。品牌形象是一个综合性的概念，是营销活动渴望建立的、受形象感知主体主观感受及感知方式等影响，而在心理上形成的一个联想性的集合体（张红明，2007）。品牌形象的内容既有功能性的也有象征性的，通常以象征性内容为主。品牌形象论大行其道的广告大师奥格威（1955）指出："品牌是一种错综复杂的象征。它是品牌属性、名称、包装、价格、历史、声誉、广告风格的无形的总和"。品牌个性是品牌形象的丰富，彰显的是整体品牌形象的内在的联系。Jennifer L. Aaker 把品牌个性定义为："品牌个性是指与品牌相连的一整套人格化特征"[1]。她还进一步指出，与产品相关联的属性倾向于向消费者提供实用功能，而品牌个性则倾向于向消费者提供象征性或自我表达功能。由此可见，品牌个性是性格和情感的结合体，既反映了消费者的自我特征，又反映了消费者从品牌消费过程中所获得的情感满足。根据消费社会学的观点，品牌消费是消费者获得自我认同和社会认同的表现，因此，具有鲜明形象和个性的品牌能够使消费者获得情感需求和社会需求的满足。

基于上述分析，本研究提出如下假设：

H4：服务品牌文化优势对顾客感知价值优势有显著的正向影响；

H4a：服务品牌文化优势对顾客感知的情感价值优势有显著的正向影响；

H4b：服务品牌文化优势对顾客感知的社会价值优势有显著的正向影响。

---

① AAKER J L. Dimensions of Brand Personality [J]. Journal of Marketing Research, 1997, 34 (3): 347-356.

二、顾客感知价值优势对服务品牌竞争力的作用

（一）顾客感知价值优势对服务品牌市场表现力的作用

如前所述，服务品牌的市场表现力主要通过市场占有率和超值利润率来测量，市场占有率来源于消费者的选择和购买，超值利润率则主要来源于品牌溢价。消费者是否愿意选择和购买某一品牌的服务或者为之支付更高的价格，取决于顾客感知服务的价值优势。相关研究表明，顾客感知价值对顾客的购买意图具有显著影响，支配着顾客的购买决策（Mazumdar，1993）。消费者的购买是一个复杂的决策过程，而作为总体的评价，顾客感知价值涵盖了多方面的比较和权衡：顾客期望和顾客感知的权衡，感知所得和感知付出的权衡，品牌企业提供的价值和竞争品牌提供价值的比较等。由此可见，顾客价值感知贯穿于消费者购买决策的全过程。

消费者购买决策过程一般分为五个阶段：需求确认、信息搜寻、备选方案评估、购买意图和购后行为。在需求确认阶段，具有感知价值优势的服务品牌会使消费者从属性、利益和目标等不同层次确认自己对服务的需求，从而产生购买动机。在信息搜寻阶段，由于服务的无形性和高体验性等特征使服务信息的获得比较困难，消费者更依赖于评价型信息源，而顾客感知价值由于包含了对以往服务消费经验的评价显得更为可信，从而成为顾客重要的信息来源。对备选方案的选择，消费者在不同竞争对手之间进行选择的主要标准就是比较不同企业创造的顾客价值，"企业如果能够为顾客创造价值而且有办法比竞争对手更胜一筹，顾客自然就会上门"。在购买意图和实际的购买行为之间，还有可觉察风险的存在。基于品牌而形成的顾客感知价值优势有助于化解或减轻这些风险。在服务消费过程中，常见的可觉察风险有效用风险、财务风险、人身风险和社会风险等。效用风险是指消费者购买的服务不能达到要求；财务风险是指消费者损失金钱的可能性；人身风险是指消费者购买的服务可能造成人身损害；社会风险是指消费者因购买和消费服务而产生的社会地位、形象等方面的损失。如果品牌企业能够为顾客创造更大的功

能价值、情感价值和社会价值，并且被消费者感知，就能有效地帮助消费者克服购买迟疑，产生购买行动。优异的顾客感知价值更能令顾客在购买之后产生满意的感觉，从而建立起顾客与服务供应商之间的良好关系，而良好的品牌关系又能带给顾客更大的感知价值优势。所以，顾客感知价值优势不仅能够促进顾客购买，而且为了降低转换服务供应商带来的各种风险，往往愿意为此支付品牌溢价。顾客购买量的增加和品牌定价空间的扩大增强了服务品牌的市场表现力。

基于上述分析，本研究提出如下假设：

H5：顾客感知价值优势对服务品牌市场表现力有正向影响；

H5a：顾客感知功能价值优势对服务品牌市场表现力有正向影响；

H5b：顾客感知情感价值优势对服务品牌市场表现力有正向影响；

H5c：顾客感知社会价值优势对服务品牌市场表现力有正向影响。

（二）顾客感知价值优势对服务品牌知名度的作用

由于服务的无形性、生产与消费同时性等特征，服务较少可搜寻特性，而具有更多的经验特性和信用特性，这些特点给消费者的服务购买决策带来很大的困难，因为在购买之前，消费者缺乏线索来评价服务。另一方面，由于服务市场的竞争并不很充分，服务供应商的营销传播意识远不如商品制造商，这造成服务市场处于信息不完全状态。因此，在信息不完全的服务市场上，消费者对口碑传播的依赖性较大。相对于其他信息来源，口碑传播是消费者做出决策时使用频率最高的信息资源（Gremler，1994），而消费者的口碑传播会影响服务品牌的知名度。

Anderson（1998）将口碑传播定义为个体之间关于产品和服务看法的非正式传播，包括正面和负面的观点。动机是消费者行为意向与行为的内在驱动因素。我们可以分别从传播者和接收者的角度，考察口碑传播的形成。口碑传播者的动机主要包括：（1）与产品相关的动机（product-involvement）。主要是指消费者由于对产品认知、体验和购后使用结果而产生的动机，例如，消费者对产品特别满意或特别不满意状态，很容易产生口碑传播行为。（2）与自我相关（self-involvement）的动机。在这类动机下，消费者传播产品信息是为了满足自我心理和情感需要。包括引起注意、表明自己是时尚先锋、显示身份地位、传播信念、自我肯定等。(3) 与他人相关的动机 (other-involvement)。在这类动机下，传递产品信息满足了人们帮助他人、分享快乐、表达关心的需要，特别是当传播者与接收者之间具有强关系的情况下，利他的动机更容易发生。(4) 与信息相关的动机 (message-involvement)。有时候消费者传播产品信息并不一定拥有亲身购物体验，可能因为产品广告和公共宣传引人注目，成为一个公共话题，而促成信息的传递 (Dichter, 1966)。从接收者角度来看，Buttle (1998) 认为人们寻求口碑信息更多地发生在服务购买情境，因为服务的异质性和无形性，导致消费者会更加主动地去寻求相关信息，特别是在获取一些专业很强的服务之前，人们更倾向于咨询购买过的顾客。口碑接收动机可以概括为四类：一是寻求购买信息；二是降低购买成本；三是避免购买风险；四是追求时髦 (张晓飞、董大海，2011)。由此可见，引发消费者口碑传播动机的主要是购买决策过程产生的功能价值需求和社会价值需求。

基于上述分析，本研究提出如下假设：

H6：顾客感知价值优势对服务品牌知名度有显著的正向影响；

H6a：顾客感知功能价值优势对服务品牌知名度有显著的正向影响；

H6b：顾客感知社会价值优势对服务品牌知名度有显著的正向影响。

(三) 顾客感知价值优势对服务品牌满意度的作用

顾客感知价值和顾客满意是两个较难区分的概念，因为它们都反映了消费者对商品和服务的主观评价。顾客价值对顾客满意的影响方式十分复杂，二者都具有层次性，顾客不同层次的满意源于不同层次的价值感知。Oliver (1999) 提出一个"价值与满意"的整合性问题，并认为价值和满意是相互影响的，所以消费者会受到先前消费的产品与服务绩效的影响，经由消费者自身的转换而得到共同的结果如忠诚等。Woodruff (1997) 的顾客价值层次模型则把二者有机地结合起来 (参见图6-7)。他基于消费者信息处理的认知逻辑，指出顾客以"途经-目的" (means-end) 模式形成不同层次的期望价值。从最低一层开始，顾客首先会考虑产品的具体属性和属性效能；在购买和使用产品时，顾客会就这些属性对实现预期结果的能力形成期望和偏好 (第二层）；顾客还会根据这些结果对顾客目标的实现能力（最高层）形成期望。从分级表的顶部向下看，顾客会根据自己的目标来确定使用情景下各类结果的重要性，相应地，重要的结果又引导顾客认定属性和属性表现的重要性。顾客使用同样的期望属性、结果和目标来评价产品，形成感知价值，进而形成"基于属性的满意""基于结果的满意"和"基于目标的满意"三个满意层次。

Heskett（1994）基于服务业研究提出的服务利润链理论也指出了顾客价值（顾客感知价值）对顾客满意的积极影响（见图6-10）。服务利润链理论的基本逻辑是：服务企业获利能力的强弱主要是由顾客忠诚度决定；顾客忠诚是顾客满意的直接结果；顾客满意在很大程度上受到顾客感知价值的影响；顾客的价值感知来源于服务员工的价值创造和传递；有能力的满意、忠诚的员工才能高效率地工作，并提供优质服务；而员工满意度来源于企业的服务支持体系和相应的政策。

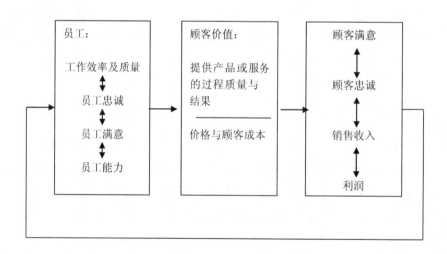

图 6-10 服务利润链要素关系图

基于上述分析，本研究提出如下假设：

H7：顾客感知价值优势对服务品牌满意度有显著的正向影响；

H7a：顾客感知功能价值优势对服务品牌满意度有显著的正向影响；

H7b：顾客感知情感价值优势对服务品牌满意度有显著的正向影响；

H7c：顾客感知社会价值优势对服务品牌满意度有显著的正向影响。

（四）顾客感知价值优势对服务品牌忠诚度的作用

不论直接或间接，顾客感知价值对品牌忠诚度的积极作用毋庸置疑。学者们已达成共识，顾客感知价值和顾客满意都是消费者行为倾向的前因，但在哪一个发挥主导作用方面存在分歧。这里的消费者行为倾向主要包括重购倾向、口碑和溢价购买，即品牌忠诚的各种表现形式。

"满意主导论"的学者们将满意看作是行为倾向的最重要的直接前因，"顾客价值主导论"的学者们则倾向于将顾客价值作为行为倾向最重要的直接前因。"满意主导论"的研究主要有两大类：一类认为满意是行为倾向的直接前因，顾客价值对行为倾向的作用是不显著的；另一类认为满意和顾客价值对行为倾向都有直接影响，但满意的影响更大。"价值主导论"的研究多数结论是：顾客价值是行为倾向的直接前因，顾客满意会影响顾客对价值的感知。董大海（2003）在载重货车柴油发动机行业做了实证研究，他的研究结果表明：第一，顾客价值是消费者行为倾向的直接前因之一；第二，顾客价值对消费者行为倾向的影响远远大于顾客满意对消费者行为倾向的影响，从而支持了顾客价值主导论；第三，顾客价值不仅是消费者行为倾向的前因，也是顾客满意的前因，且顾客价值对顾客满意有很大的影响。焦新宇（2009）把顾客价值分为功能性维度、体验维度、象征性维度和成本/牺牲维度，对汽车消费者进行的研究表明，基于相对性顾客价值的四个维度对顾客满意和顾客忠诚均有显著影响。其中，功能性价值和成本牺牲维度对顾客满意的影响较大，功能性维度和体验维度对顾客忠诚的影响较大。

服务品牌忠诚通常划分为认知忠诚、情感忠诚和行为忠诚三个维度。认知忠诚是忠诚的第一阶段，顾客感知到某种品牌给其带来的满意感要优于其他品牌。情感忠诚反映了顾客对品牌供应商的情感依恋，是顾客在多次满意的消费经历的基础上形成的。行为忠诚是早期学术界侧重的一个方面，行为忠诚的顾客表现为重复购买某个品牌的产品和服务。通常认为，没有情感介入的忠诚只是表面的忠诚。有研究表明，顾客的情感与忠诚之间存在很强的相关性（Yu，2001）。与顾客满意度相比，顾客忠诚更加稳定（Allen & Wilburn，2002）。由于市场竞争日趋激烈，服务企业的产品同质化越来越快，只强调交易的经济价值的顾客很容易被竞争品牌的营销活动吸引，基于感知的功能价值而转换服务供应商。所以，在服务情境下，只有融入了情感和态度认同的忠诚才是对服务品牌有价值的忠诚。

基于上述分析，本研究提出如下假设：

H8：顾客感知价值优势对服务品牌忠诚度有显著的正向影响；

H8a：顾客感知情感价值优势对服务品牌忠诚度有显著的正向影响；

H8b：顾客感知社会价值优势对服务品牌忠诚度有显著的正向影响。

三、服务品牌竞争力构成维度之间的相互作用

服务品牌知名度、满意度和忠诚度表现了消费者对品牌的支持程度，它会对服务品牌的市场表现力产生直接影响，也是服务品牌市场表现力可否持续的依据。对服务品牌竞争力构成维度之间相互作用的讨论不是本书的研究重点，本书仅对多数学者形成一致认识的顾客满意度与忠诚度之间、顾客忠诚度与市场绩效之间的直接正向作用进行验证。因此，本书提出如下假设：

H9：服务品牌满意度对服务品牌忠诚度有显著的正向影响，而服务品牌忠诚度对服务品牌市场表现力有显著的正向影响。

（一）服务品牌满意度对服务品牌忠诚度的作用

服务品牌满意度即服务品牌企业的顾客满意度，是顾客基于对特定品牌服务商的全部服务接触和经历的总体满意。Cardozo（1965）首次将顾客满意的观点引入营销领域时，就提出顾客满意会带动再购买行为。Heskett（1994）等也在其提出的"服务利润链"模型中指出顾客满意导致顾客忠诚。著名的美国顾客满意指数（ACSI）更是将顾客满意置于模型的中心，顾客满意度的高低决定顾客忠诚和顾客抱怨。服务品牌忠诚度是指顾客对特定的品牌服务商所怀有的积极态度倾向和重复购买行为的程度。关于服务业顾客满意的研究大多表明，高度的顾客满意能够带来顾客忠诚。哈佛大学商学院的研究人

员对医疗保健业和汽车产业的研究发现，"一般满意"的顾客的忠诚比率为23%，"比较满意"的顾客的忠诚比率为31%，当顾客感到"完全满意"时，忠诚比率达到75%（Jones & Sasser，1995）。另一方面，不满意的顾客往往会选择离开或转向购买竞争品牌的服务；而且，不满意的顾客也常常会抱怨。这些都可能导致较低的忠诚水平。

基于上述分析，本研究提出如下假设：

H9a：服务品牌满意度对服务品牌忠诚度有显著的正向影响。

（二）服务品牌忠诚度对服务品牌市场表现力的作用

顾客忠诚对服务企业的财务成功具有积极的影响，主要体现在：（1）顾客保留的时间越长，带给企业的价值越大。品牌忠诚的消费者倾向与企业保持长久的关系，会在很长的一段时间内优先选择企业的商品和服务，从而增加公司的收益。而且，高忠诚度的顾客对竞争品牌的诱惑也表现出更高的抵抗力，在与服务企业偶尔有不愉快的经历后也不会发生轻易离开或转移。（2）忠诚顾客有助于服务品牌企业吸引新的消费者。品牌忠诚的消费者因为自身的满意体验会乐意向他人推荐本企业的服务，这种消费者之间的口碑效应所产生的效果比企业自身所做的宣传更有说服力和影响力，对其他消费者的购买有很大的促进作用，一定程度上起到了帮助服务企业开拓市场的积极作用。（3）忠诚顾客有助于服务品牌企业获取溢价收入。在多数行业里，老顾客支付的价格实际上比新顾客所支付的高（Reichheld，1996），有时候是因为促销的折扣价只对新顾客有效。老顾客既熟悉公司的营运程序，也了解所有的服务项目，会从这种亲密的交易关系中得到较高的价值，因此也就不会像新顾客那么计较特定的价格。

综上所述，顾客保留、抵抗竞争、口碑效应和品牌溢价等都会对服务企业的市场占有和开发以及收入和利润产生积极作用。

基于上述分析，本研究提出如下假设：

H9b：服务品牌忠诚度对服务品牌市场表现力有显著的正向影响。

四、服务品牌竞争力形成机理的研究假设汇总

服务品牌竞争力形成机理的研究假设汇总于表6-1。

表6-1　服务品牌竞争力形成机理的研究假设汇总

假设 符号	假设陈述
H1	服务品牌基础优势对顾客感知价值优势有显著的正向影响。
H1a	服务品牌基础优势对顾客感知的功能价值优势有显著的正向影响。
H2	服务交互优势对顾客感知价值优势有显著的正向影响。
H2a	服务交互优势对顾客感知的功能价值优势有显著的正向影响。
H2b	服务交互优势对顾客感知的情感价值优势有显著的正向影响。
H2c	服务交互优势对顾客感知的社会价值优势有显著的正向影响。
H3	服务品牌传播和展示优势对顾客感知价值优势有显著影响。
H3a	服务品牌传播和展示优势对顾客感知的功能价值优势有显著影响。
H3b	服务品牌传播和展示优势对顾客感知的情感价值优势有显著影响。
H3c	服务品牌传播和展示优势对顾客感知的社会价值优势有显著影响。
H4	服务品牌文化优势对顾客感知价值优势有显著的正向影响。
H4a	服务品牌文化优势对顾客感知的情感价值优势有显著的正向影响。
H4b	服务品牌文化优势对顾客感知的社会价值优势有显著的正向影响。
H5	顾客感知价值优势对服务品牌市场表现力有正向影响。
H5a	顾客感知功能价值优势对服务品牌市场表现力有正向影响。

续表

假设符号	假设陈述
H5b	顾客感知情感价值优势对服务品牌市场表现力有正向影响。
H5c	顾客感知社会价值优势对服务品牌市场表现力有正向影响。
H6	顾客感知价值优势对服务品牌知名度有显著正向影响。
H6a	顾客感知功能价值优势对服务品牌知名度有显著正向影响。
H6b	顾客感知社会价值优势对服务品牌知名度有显著正向影响。
H7	顾客感知价值优势对服务品牌满意度有显著的正向影响。
H7a	顾客感知功能价值优势对服务品牌满意度有显著的正向影响。
H7b	顾客感知情感价值优势对服务品牌满意度有显著的正向影响。
H7c	顾客感知社会价值优势对服务品牌满意度有显著的正向影响。
H8	顾客感知价值优势对服务品牌忠诚度有显著的正向影响。
H8a	顾客感知情感价值优势对服务品牌忠诚度有显著的正向影响。
H8b	顾客感知社会价值优势对服务品牌忠诚度有显著的正向影响。
H9	服务品牌满意度对服务品牌忠诚度有显著的正向影响,而服务品牌忠诚度对服务品牌市场表现力有显著的正向影响。
H9a	服务品牌满意度对服务品牌忠诚度有显著的正向影响。
H9b	服务品牌忠诚度对服务品牌市场表现力有显著的正向影响。

第七章

服务品牌竞争力形成机理的实证研究

本章将运用实证研究方法对第六章提出的研究模型以及研究假设进行检验，包括三节内容：

第一节，进行实证研究设计。首先，详细说明了研究变量的测量、样本的选择以及数据收集的方法。在对研究变量操作化定义基础上，设计完成初始问卷。然后，在济南市展开预调研活动。利用预调研收集的数据对量表进行信度分析和效度分析，结合分析结果净化测量题项，调整问卷结构，确定了最终的量表和正式调研问卷。最后，说明了正式调研样本对象的选择、样本规模的确定以及数据收集方法和过程。

第二节，进行实证研究的统计分析与假设检验。选取零售银行服务品牌和酒店服务品牌为调研对象，采用结构方程模型来评价研究模型和检验理论假设，综合运用 SPSS13.0、LISREL8.7 等软件进行数据分析和各项检验。具体而言，以 SPSS13.0 软件为工具进行样本数据的描述性统计和信度分析，以 LISREL8.7 软件为工具进行测量模型的验证性因子分析和结构模型的检验。

第三节，总结实证研究结果与研究结论。在汇总并讨论实证研究结果的基础上，结合前文的理论分析，得出服务品牌竞争力形成机理的若干研究结论，对服务企业培育和提升品牌竞争力提出了相应的对策建议。

第一节　实证研究设计

本节内容分为四个部分：第一部分说明研究模型中潜变量的操作性定义和测量题项的形成；第二部分进行问卷的设计；第三部分通过预调研和探索性因子分析修正问卷；第四部分介绍正式调研的样本选择、数据收集方法和过程。

一、变量的测量

为了得到具有较好信度和效度的测量量表，笔者首先对相关变量的操作性定义进行说明，在此基础上通过对相关文献的检索与整理，设计相应的测量题项。

（一）服务品牌竞争力的测量

关于服务品牌竞争力的测量研究极其有限，已有的研究大多借鉴品牌竞争力的测量维度各取所需。关于品牌竞争力测量研究的成果表现为品牌竞争力多种多样的评价指标体系（见表7-1）。

表7-1　品牌竞争力的评价指标体系

研究者	评价指标体系
张世贤（1996）	基本指标：市场占有率、超值利润率； 附加指标：品牌知名度、使用年限、在同类市场上的领导能力、越过地理文化边界的渗透能力等。
刘传铁（2000）	市场占有率、超值创利能力、开拓市场潜力。
许基南（2005）	品牌市场能力：品牌市场占有能力、品牌创新能力、品牌持久发展能力； 品牌管理能力：品牌定位能力、品牌传播能力、品牌运作能力； 品牌基础能力：企业管理能力、技术创新能力、人力资本、企业家和企业文化等。

研究者	评价指标体系
胡大立等（2005）	市场指标：市场占有率、超值利润率、扩张潜力； 顾客指标：知名度、美誉度、忠诚度。
白玉等（2005）	品牌市场能力：市场占有能力、超值创利能力、持久发展能力； 品牌管理能力：品牌定位能力、品牌传播能力、品牌运作能力； 品牌关系能力：与客户关系、与供应商关系、与协作方关系； 品牌基础能力：企业管理能力、技术创新能力、人力资本、企业家和企业文化等。
沈占波等（2005）	外显性指标：品牌市场力、品牌形象力、品牌财务力； 潜力性指标：品牌质量支撑力、品牌创新力、品牌资源筹供力、品牌市场营销力。
汪波等（2006）	竞争内力：基础内力（产品力、文化力、资本力）、增强内力（创新力、传播力、延伸力）； 竞争外力：市场力、忠诚力、政策支持力。
韩福荣等（2008）	(内部员工和外部用户) 品牌知晓度、品牌知名度、品牌美誉度、品牌忠诚度、品牌联想度。
余可发（2009）	解释性指标：品牌归属、品牌产品、品牌识别、品牌喻义、品牌人格； 显示性指标：市场占有率、顾客满意度、顾客忠诚度。

综合考察上述品牌竞争力的评价指标体系，可以看出品牌竞争力的评价主要从财务指标、市场指标和消费者指标三个视角展开，或者是其中一个或两个方面，或者是两个方面的组合。本书对服务品牌竞争力的测量延续这一思路，选取市场指标和消费者指标的组合，将服务品牌竞争力从两个维度进行测量：服务品牌的市场表现力和消费者支持力。其中，市场表现力包括市场占有率、市场覆盖率和超值利润率三个指标，消费者支持力进一步划分为品牌知名度、品牌满意度和品牌忠诚度三个维度。

各变量的操作性定义如下：服务品牌的市场表现力是指服务企业品牌在占领市场、获取超值利润方面的表现。服务品牌知名度是指服务企业品牌被消费者熟悉和在行业内的知名状态。服务品牌满意度是指消费者对服务企业品牌在服务结果、员工服务意愿和能力、服务流程及服务设施和环境等方面的总体满意程度。服务品牌忠诚度是指消费者持续选择和推荐特定服务企业品牌的态度和行为倾向程度。本书以张世贤等（2011）提出的中国企业品牌竞争力指数系统为主要依据，结合服务品牌研究的相关文献和本研究的情境，确定了服务品牌竞争力的测量题项（见表7-2）。

表7-2　服务品牌竞争力的测量题项与参考依据

变量	测量题项	题项编号	参考依据
市场表现力	市场占有率	C1	张世贤等（2011）
	市场覆盖率	C2	
	超值利润率	C3	
品牌知名度	品牌熟悉	C4	张世贤等（2011）
	知道宣传口号	C5	
	行业知名	C6	
	全国知名	C7	
品牌满意度	总体满意	C8	Oliver（1988） Parasuraman et al.（1988） 本研究
	员工态度满意	C9	
	员工能力满意	C10	
	服务流程满意	C11	
	服务设施满意	C12	
	服务环境满意	C13	
品牌忠诚度	重复购买	C14	Cronin et al.（2000） Gremler（2002）
	价格耐受	C15	
	首先选择	C16	
	服务推荐	C17	

（二）服务品牌差别优势的测量

从服务品牌的本体识别要素出发，本书将服务品牌差别优势归纳为四个方面：品牌基础优势、服务交互优势、品牌传播和展示优势以及品牌文化优势（详见第五章）。各维度的操作性定义如下：品牌基础优势是指服务品牌企业在人员、技术、资本实力以及顾客资源等物质基础要素方面的优势。服务交互优势是指服务品牌企业与顾客发生交互作用的质量水平以及人员表现等方面的优势，主要反映服务过程中的人际沟通表现。品牌传播和展示优势是指服务品牌企业通过广告、宣传、促销等传播策略以及有形展示等与顾客进行信息沟通等方面的优势，主要反映服务提供过程中的非人际沟通表现。品牌文化优势是指服务品牌企业在品牌理念和品牌价值定位以及品牌形象和品牌个性等文化和人格化方面的优势。

　　鉴于本书第五章已经详细阐述了服务品牌差别优势量表的开发过程，并对测量题项通过探索性因子分析进行了修改和调整，在此列出的是正式调研使用的服务品牌差别优势的测量题项与参考依据（见表7-3）。

表7-3　服务品牌差别优势的测量题项与参考依据

变量	测量题项	题项编号	参考依据
服务交互优势	服务产品满足需要	A1	Grace & O'Cass（2003） 符国群等（2004） 本研究
	服务质量可靠	A2	
	员工主动服务	A3	
	员工快速响应	A4	
品牌基础优势	员工素质	A5	Parasuraman et al.（1988） De Chernatony et al.（1999） 本研究
	企业实力	A6	
	顾客资源	A7	
品牌传播展示优势	广告费用	A8	Berry（2000） Grace & O'Cass（2003）
	促销力度	A9	
	宣传力度	A10	
	有形设施	A11	
品牌文化优势	品牌定位	A12	De Chernatony et al.（2003） 蒋璟萍（2008）
	品牌价值观	A13	
	品牌形象	A14	
	品牌个性	A15	
	品牌文化建设	A16	

（三）顾客感知价值优势的测量

迄今为止，顾客感知价值构成维度的划分并不一致。最有代表性的是 Sheth（1991）等人的分析框架，他们将顾客感知价值划分为五个维度：社会价值、情感价值、功能价值、条件价值和认知价值。他们认为，顾客的选择行为是这五个方面价值的函数，在不同情况下，这五个维度分别对顾客行为产生不同的影响。后来，Sweeney 和 Soutar（2001）在此基础上，将功能价值进一步分解为质量和价格因素，运用来自耐用品市场的实际数据，论证了从社会价值、情感价值、功能价值-质量和功能价值-价格四个维度来测量顾客价值的科学性。范秀成和罗海成（2003）将顾客感知价值划分为三个维度：功能价值、情感价值和社会价值，其中功能价值包含了 Sweeney 和 Soutar 所说的质量价值和价格价值。杨龙和王永贵（2002）以证券行业为背景，识别出顾客价值的四个关键维度，分别是情感价值、社会价值、功能价值和感知利失。本书作者认为，感知利失虽然突破了价格因素，考虑了时间与花费的精神和体力等非货币成本，但已包括在顾客对服务供应商提供的商品和服务的总体功能评价之中。因此，本书采用范秀成和罗海成的划分维度，对顾客感知价值优势从功能价值、情感价值和社会价值三个方面进行测量。

顾客感知的功能价值优势是指顾客对服务品牌企业提供的服务是否具有顾客所期望的特征、用途和功能以及为此所支付的成本的主观评价。顾客感知的情感价值优势是指顾客对服务品牌企业提供的服务及服务过程是否满足其心理上安全、舒适、愉悦等情感需求的主观评价。顾客感知的社会价值优势是指顾客对服务品牌企业提供的服务及服务过程是否满足其自我强化、角色定位、自我识别、社会认同等需求的主观评价。顾客感知价值优势的测量题项与参考文献来源见表7-4。

表7-4　顾客感知价值优势的测量题项与参考依据

变量	测量题项	题项编号	参考依据
感知功能 价值优势	提供需要的服务	B1	Parasuraman et al.（1988）； Sweeney（2001）； Rust（2000）
	提供承诺的服务	B2	
	价格合理	B3	
	员工训练有素	B4	
	服务设施齐备	B5	
感知情感 价值优势	服务过程心情愉快	B6	Sweeney（2001）； 范秀成、李建州（2006）
	员工态度友善	B7	
	员工的移情性	B8	
	服务环境舒适	B9	
	留下美好回忆	B10	
感知社会 价值优势	朋友认同	B11	Sweeney（2001）； 范秀成、李建州（2006）
	自我认同	B12	
	提升自我社会形象	B13	
	服务员工的友谊	B14	
	举办社会联谊活动	B15	

二、问卷设计

问卷调查法（简称"问卷法"）是管理学定量研究中最为普及的方法，其实用性主要体现在如下四个方面：第一，如果实施得当，问卷法是最快速有效的收集数据的方法；第二，如果量表的信度和效度高，样本数量大，研究者可用问卷法收集到高质量的研究数据；第三，问卷调查对被调查者的干扰较小，因而比较容易得到被调查者的支持，可行性高；第四，问卷调查成本较低，是实地研究中比较经济的收集数据的方法。当然，要利用问卷法快速、经济地获得高质量的有效数据，还依赖于良好的问卷设计。

根据 Churchill（1979）提出的量表开发原则，本书首先界定了变量的操作化定义，然后结合文献确定比较有代表性的测量问项，并且遵循多问项测度原则，每个变量的测度均采用了三个以上的问项。另外，在设计问项时，为尽量减少由于受访者厌倦而导致的敷衍现象，亦采用其建议，尽量使用简短而非冗长的测量量表。

由于本书是从微观视角即服务员工个体和顾客个体角度考察服务品牌竞争力的生成，因此分别设计了员工问卷和顾客问卷两套问卷。各个变量的测量均采用了 Likert 5 级等距尺度量表，其中，1 代表"非常不同意"、2 代表"比较不同意"、3 代表"一般"、4 代表"比较同意"、5 表示"非常同意"。初始问卷设计好之后，本书作者请 4 名具有市场调研和服务品牌研究专长的教师和 10 名管理学专业三年级学生帮助完善问卷的设计。4 名教师主要对问卷的总体设计、问题的准确性、代表性等提出意见，10 名学生主要对问题的表述、是否易于理解和回答等提出建议。经过修改完善后，形成了预调查问卷（见附录 3 和附录 4）。其中，员工问卷包括测量服务品牌差别优势的 22 个问题和测量服务品牌市场表现力的 3 个问题；顾客问卷包括测量服务品牌顾客感知价值优势的 15 个问题和测量服务品牌知名度、满意度和忠诚度的 14 个问题。

三、预调查和修正问卷

（一）预调查样本选择与数据收集

预调查的目的是测试量表的有效性和可靠性，据此调整设计问卷，为正式调研打下基础。一般而言，预调查对象的性质应该与将来正式调研的对象性质相同，预调查样本数以问卷中包含题项的 3~5 倍为原则（吴明隆，2000）。本研究选择的正式调研对象是银行业和酒店业，相应地，本次预调查选择了济南市的银行品牌和酒店品牌。员工问卷包含 25 个问项，顾客问卷包含 29 个问项，合理的样本量为 87~145，考虑问卷损耗，分别发放员工问卷和顾客问卷各 200 份。预调查于 2012 年 3 月进行，调研对象是济南市的 8 个银行品牌和 8 个有一定知名度的酒店品牌，通过现场发放问卷收集数据。参与预调查活动的是市场营销专业和工商管理专业的高年级本科生，他们都具备市场调查的基础知识和技能，从而在一定程度上保证了调研质量。本次预调查共回收问卷348份。其中，回收员工问卷171份，回收顾客问卷177份，问卷回收率87%。去除填写不完全和区分不明显问卷后，得到用于分析的有效问卷324份，其中，员工问卷162份，对应的顾客问卷162份，问卷收集有效率为81%。

接下来，使用SPSS13.0软件对预调查数据进行信度分析和探索性因子分析，调整和优化量表，为正式调研问卷的形成打下基础。本书第五章对服务品牌差别优势量表的净化过程已有阐述，在此介绍顾客感知价值优势量表和服务品牌竞争力量表的效度和信度分析过程和结果。

（二）预调查量表的信度分析

如第五章中所述，信度分析是评价测量无偏差的程度，即评价量表测验的结果的一致性、稳定性及可靠性。常用的信度分析指标是Cronbach's α系数，一般要求α的值大于0.7可以接受（Hinkin，1998），也有学者认为大于0.6即可接受。此外，本研究使用CITC值，即纠正条目的总相关系数（Corrected-item Total Correlation，简称CITC）来净化测量题项，净化前后，分别计算每个分维度所有条目的内在一致性α系数，如果CITC值小于0.5且删除项目后α系数值变大，则将该题项在问卷中删除。

顾客感知价值优势量表的信度分析结果见表7-5，服务品牌竞争力量表的信度分析结果见表7-6。

表7-5　顾客感知价值优势量表信度分析结果

变量	题项	CITC值	Cronbach's Alpha if Item Deleted	Cronbach's α
功能价值优势	B1	0.646	0.788	0.826
	B2	0.682	0.776	
	B3	0.573	0.809	
	B4	0.658	0.782	
	B5	0.581	0.803	

变量	题项	CITC 值	Cronbach's Alpha if Item Deleted	Cronbach's α
情感价值优势	B6	0.732	0.882	0.899
	B7	0.764	0.875	
	B8	0.816	0.862	
	B9	0.676	0.892	
	B10	0.779	0.871	
社会价值优势	B11	0.700	0.854	0.877
	B12	0.644	0.866	
	B13	0.702	0.853	
	B14	0.771	0.836	
	B15	0.760	0.840	

表 7-6 服务品牌竞争力量表信度分析结果

变量	题项	CITC 值	Cronbach's Alpha if Item Deleted	Cronbach's α
市场表现力	C1	0.596	0.640	0.745
	C2	0.610	0.615	
	C3	0.517	0.726	
品牌知名度	C4	0.653	0.700	0.776
	C5	0.418	0.849	
	C6	0.710	0.654	
	C7	0.652	0.693	

变量	题项	CITC 值	Cronbach's Alpha if Item Deleted	Cronbach's α
品牌满意度	C8	0.714	0.892	0.906
	C9	0.776	0.883	
	C10	0.759	0.886	
	C11	0.710	0.893	
	C12	0.734	0.889	
	C13	0.749	0.888	
品牌忠诚度	C14	0.706	0.809	0.852
	C15	0.614	0.853	
	C16	0.778	0.774	
	C17	0.701	0.811	

从表7-5可以看出，所有测量题项的CITC值均大于0.5，而且删除每个题项后的Cronbach's α值均小于包含所有题项的各维度变量的Cronbach's α值。因此，根据上述标准，没有题项被删除。此外，各维度变量的Cronbach's α值均大于0.7，包含所有题项的量表总体的Cronbach's α值为0.939，这说明顾客感知价值优势量表达到较高的信度水平。

从表7-6可以看出，题项C5的CITC值是0.418，小于0.5，删除题项C5的品牌知名度变量的Cronbach's α值会从0.776增大到0.849。根据上述标准，该题项应删除。其他题项均达到要求，予以保留。同样，服务品牌竞争力各测量维度的Cronbach's α值均大于0.7，删除C5后量表总体的Cronbach's α值从0.898减小到0.897，对量表的信度水平几乎没有影响。但需要说明的是，在后来的正式问卷中，C5题项仍予以保留，主要原因是在下面的探索性因子分析中发现，删除C5题项（顾客了解品牌企业的宣传语）后，量表的因子结构发生了很大变化。因此，本书认为应该综合考虑信度分析和探索性因子分析的结果，对C5题项予以保留，但根据探索性因子分析结果对它所属的维度进行了调整，从品牌知名度维度调整到品牌忠诚度维度。调整后量表总体的

Cronbach's α 值不变，品牌忠诚度维度的 Cronbach's α 值虽然有所减小（从 0.852 减小到 0.834），但减小的幅度不大，并且 α 值大于 0.7，能够满足信度水平要求。

（三）预调查量表的效度分析

本书沿用第五章的效度分析方法，使用定性方法来评价量表的内容效度（Content Validity），使用探索性因子分析（Exploratory Factor Analysis，简称 EFA）方法来评价量表的建构效度（Construct Validity）。

问卷设计过程中，作者已请 4 名教师和 10 名同学就量表问题的准确性、代表性以及表述和措辞等进行了审核，一定程度上能够保证测验内容反映或代表了研究者所要测量的构念，即内容效度。

接下来，本研究采用探索性因子分析的方法，对顾客感知价值优势量表和服务品牌竞争力量表的内部结构效度进行检验。采用 SPSS13.0 软件的主成分分析方法，进行方差最大的正交旋转，提取特征根大于 1 的因子（对顾客感知价值优势量表的因子分析采用的是选取三个因子），进行探索性因子分析。

顾客感知价值优势量表的因子分析检验结果见表 7-7 和表 7-8。

表 7-7　顾客感知价值优势量表的 KMO 和 Bartlett 球形检验

Kaiser-Meyer-Olkin 检验		0.926
Bartlett's 检验	近似卡方	1615.702
	自由度	105
	显著性水平	0.000

表 7-8　顾客感知价值优势量表的因子负荷

题项	因子		
	1	2	3
B1	0.283	0.218	0.751
B2	0.319	0.250	0.770

题项	因子		
	1	2	3
B3	0.218	0.274	0.733
B4	0.697	0.226	0.329
B5	0.712	0.220	0.195
B6	0.756	0.185	0.317
B7	0.789	0.254	0.190
B8	0.676	0.390	0.363
B9	0.655	0.377	0.176
B10	0.642	0.539	0.186
B11	0.509	0.573	0.304
B12	0.259	0.597	0.404
B13	0.302	0.706	0.238
B14	0.263	0.794	0.254
B15	0.253	0.831	0.172

从表 7-7 可以看出，顾客感知价值优势量表的 KMO 值是 0.926，Bartlett 球形检验显著性概率小于 0.001，两者都表明数据非常适合做因子分析。从表 7-8 可知，15 个测量题项归属到三个因子，各测项的因子负荷均大于 0.5。只是，原设计属于感知功能价值维度的 B4 和 B5 测项归属到了感知情感价值维度，测项 B10 和 B11 出现了交叉负荷现象。B4 测项的语句是"服务员工训练有素"，B5 是"服务设施齐备"，两个测项均与服务传递过程相关，而顾客感知的情感价值正是在服务过程中体验到的，所以，根据因子分析的结果，B4 和 B5 测项在正式问卷中归属到情感价值维度。删除有交叉负荷的 B10 和 B11。这样，得到用于正式调研的顾客感知价值优势量表，三个因子分别代表顾客感知价值优势的三个维度，通过 13 个题项进行测量。顾客感知价值优势正式量表的累积方差解释贡献率是 69.243%，比预调查量表的 68.789% 略有增加。

服务品牌竞争力量表的因子分析检验结果见表7-9和表7-10。

表7-9 服务品牌竞争力量表的 KMO 和 Bartlett 球形检验

Kaiser-Meyer-Olkin 检验		0.884
Bartlett's 检验	近似卡方	1563.694
	自由度	136
	显著性水平	0.000

表7-10 服务品牌竞争力量表的因子负荷

题项	因子			
	1	2	3	4
C1	0.094	0.027	0.107	0.819
C2	−0.073	0.056	−0.023	0.853
C3	0.092	−0.006	0.005	0.764
C4	0.107	0.270	0.786	0.085
C5	0.138	0.669	0.273	0.045
C6	0.278	0.234	0.822	0.005
C7	0.211	0.120	0.863	0.014
C8	0.715	0.280	0.276	−0.042
C9	0.795	0.278	0.101	0.017
C10	0.767	0.277	0.131	0.018
C11	0.704	0.311	0.217	0.083
C12	0.808	0.053	0.201	0.049
C13	0.831	0.168	0.042	0.107
C14	0.692	0.466	0.160	0.017
C15	0.318	0.692	0.168	0.016
C16	0.355	0.766	0.208	0.106
C17	0.469	0.679	0.098	−0.068

从表7-9可以看出，服务品牌竞争力量表的 KMO 值是0.884，Bartlett 球

形检验显著性概率小于 0.001，两者都表明数据适合做因子分析。从表 7-10 可知，因子结构的清晰度不很理想，主要是原本设计属于品牌知名度的 C5 题项，与品牌忠诚度的题项归属于同一个因子；原本设计属于品牌忠诚度的 C14 题项归属到了品牌满意度因子。仔细分析后发现，C5 题项测量的"顾客能说出品牌宣传语"实际上反映了顾客对品牌企业的深度了解，归属于品牌忠诚度可以接受。而顾客满意度与顾客忠诚度有显著的正相关性，所以 C14 题项测量的"继续购买品牌企业服务"的重购意愿正是顾客高度满意的结果。实际上，根据上述信度分析的结果，把 C5 题项删除后，抽取的因子数从四个减少为三个，顾客满意度题项与顾客忠诚度题项同属于一个因子。综合分析后，本研究选择保留所有题项，将 C5 题项归属于顾客忠诚度因子，C14 题项依据研究者的共同经验，仍然作为测量顾客忠诚度的指标。最终形成的服务品牌竞争力量表包含 17 个测量题项，划分为四个维度。正式量表的累积方差解释贡献率为 69.552%。

通过预调查，本研究确定了 11 个研究变量的 46 个测量题项，均具有良好的可靠性和有效性，据此形成正式调研的问卷（见附录 5 和附录 6）。

四、正式调研的数据收集

（一）样本选择

如前所述，本研究选择的正式调研对象是银行服务品牌（主要指零售银行服务）和酒店服务品牌。选择这两个行业的企业品牌的理由主要有三点：第一，从服务类型来看，这两类服务具有类似特征。根据消费者对服务传递的认知，可以把服务根据对"人"（这里的"人"包括其他顾客和服务人员）的关注程度和对"设备"（指传递服务所需要的有形设施）的关注程度划分为四个象限（洛夫洛克，2001）。在这个框架图中，零售银行服务和酒店服务在同一象限，属于人和设施均需高度关注的服务类型。第二，这两个行业都属于竞争性市场，品牌具有差异化。虽然，银行业的市场竞争并不均衡，但入世以来，银行业的市场竞争也日趋激烈。第三，这两个行业的公司都比较注重品牌建设，对提高服务品牌竞争力有比较强烈的需求。正式调研的对象是这两类服务品牌企业的员工和顾客。

由于本研究拟采用结构方程模型（Structural Equation Model，简称 SEM）进行概念模型和研究假设的检验，而 SEM 对样本规模有一定的要求。一般而言，从模型收敛和拟合指数等角度，样本量越大越好。针对样本量大小，Boomsma（1982）建议样本规模最小应大于 100，但大于 200 更好。因为容量少于 100 的样本，所产生的相关矩阵不够稳定，会使结构方程结果的信度降低。当由于条件所限，样本数很小时，研究者应通过预试（pilot）来评估测量工具的特性，以保证题目有高信度和高效度。Nunnally（1967）提出的建议是：被试人数是变量的 10 倍。这个建议后来被很多研究者采纳。

综合考虑各种观点，本研究将分析层次的服务品牌样本量确定为 102 个，而个体水平的员工和顾客样本合计为 1020 份，员工样本和顾客样本分别为 510 份。

（二）数据收集方法和过程

为了保证数据收集的有效性，本书作者和 8 位市场营销和工商管理的高年级学生组成了一个调研小组，利用暑假时间，在济南、青岛、烟台和威海等地现场发放和回收问卷。调研前期，小组成员就调研主题、内容和方法进行了较充分的讨论，作者对调研对象和时机的选择、沟通技巧和注意事项等一一说明。调研过程中，各位调研员充分调动各自亲朋好友的力量，并对受访者赠以小礼品以获得协助填答问卷。最后，回收问卷 739 份，剔除无效问卷 119 份，得到有效问卷 620 份，问卷回收有效率为 60.8%。

第二节 实证研究的统计分析与假设检验

本节主要采用结构方程模型来评价研究模型和检验理论假设，综合运用 SPSS13.0、LISREL8.7 等软件进行数据分析和各项检验。具体而言，以

SPSS13.0 软件为工具进行数据的描述性统计和信效度分析，以 LISREL8.7 软件为工具进行测量模型的验证性因子分析和结构模型的检验。

一、描述统计

（一）样本的描述统计

本研究调研的对象是山东省济南、青岛、烟台和威海的零售银行和星级酒店品牌。样本选择的主要理由是，这两种类型的服务在服务分类框架图中归于同一象限（洛夫洛克，2001），都属于需要高度关注服务中"人"的要素和"服务设施"要素的服务类型。样本分布情况见表 7-11。

表 7-11　样本品牌的行业和地区分布

服务类型	地区				品牌数
	济南	青岛	烟台	威海	
零售银行	16	16	10	10	52
星级酒店	16	16	10	8	50
合计	32	32	20	18	102

（二）变量数据的描述统计

为了提高实证研究的科学有效性，在实证分析前需要对调研样本的基本情况进行描述性统计分析，以认知测量变量的数据品质。本研究对概念模型中所包含的 11 个变量的 46 个测量题项进行了描述性统计分析，得到均值、标准差、偏度和峰度等统计量，结果如表 7-12 所示。

表 7-12　变量数据的描述统计

题项	均值	标准差	偏度	峰度
INT1	4.59	0.467	-1.199	1.372
INT2	4.59	0.447	-0.702	-0.206
INT3	4.61	0.504	-1.288	1.284
INT4	4.59	0.491	-1.216	1.572

续表

题项	均值	标准差	偏度	峰度
BAS1	4.51	0.510	−0.604	−0.895
BAS2	4.52	0.501	−1.028	0.797
BAS3	4.59	0.483	−0.883	−0.221
COM1	3.88	0.664	−0.088	−0.139
COM2	4.02	0.633	−0.265	0.144
COM3	3.86	0.828	−0.607	0.120
COM4	4.33	0.597	−0.828	1.084
CUL1	4.56	0.468	−0.796	−0.094
CUL2	4.49	0.455	−0.416	−0.775
CUL3	4.64	0.456	−1.126	0.730
CUL4	4.49	0.534	−0.662	−0.842
CUL5	4.55	0.508	−1.027	0.380
FUN1	4.43	0.554	−1.302	3.043
FUN2	4.38	0.546	−1.266	3.125
FUN3	4.20	0.623	−0.627	0.618
EMO1	4.33	0.557	−1.061	2.523
EMO2	4.29	0.584	−0.799	1.233
EMO3	4.27	0.564	−0.996	1.959
EMO4	4.32	0.567	−1.020	2.092
EMO5	4.10	0.606	−0.779	0.866
EMO6	4.34	0.568	−0.764	0.230
SOC1	4.12	0.659	−0.549	0.046
SOC2	3.86	0.667	−0.402	−0.108
SOC3	3.72	0.831	−0.611	−0.201
SOC4	3.56	0.896	−0.298	−0.702
MAK1	4.38	0.557	−0.210	−1.218
MAK2	4.34	0.619	−0.424	−0.936

题项	均值	标准差	偏度	峰度
MAK3	4.35	0.639	−0.562	−0.669
NAM1	4.15	0.495	−0.267	0.055
NAM2	4.19	0.643	−0.775	0.706
NAM3	4.19	0.645	−0.468	−0.167
SAT1	4.30	0.563	−0.875	1.623
SAT2	4.30	0.536	−1.031	2.445
SAT3	4.28	0.598	−0.881	1.105
SAT4	4.20	0.573	−0.740	1.291
SAT5	4.23	0.543	−0.843	1.890
SAT6	4.30	0.521	−0.454	−0.497
LOY1	4.21	0.606	−0.738	0.621
LOY2	3.77	0.731	−0.493	−0.263
LOY3	3.88	0.691	−0.613	0.012
LOY4	4.09	0.641	−0.924	1.151
LOY5	3.12	0.927	−0.122	−1.153

注：各代码和所代表的变量分别是 INT-服务交互；BAS-品牌基础；COM-品牌传播和展示；CUL-品牌文化；FUN-功能价值；EMO-情感价值；SOC-社会价值；MAK-品牌的市场表现力；NAM-品牌知名度；SAT-品牌满意度；LOY-品牌忠诚度。各变量代码后的数字代表测量题项编号。

从表中可以看出，各观测变量的均值都在 3 以上，说明受访的员工和顾客对品牌差别优势和感知价值的总体评价以积极态度为主。观测变量的标准差介于 0.447~0.927，表明受访者对问题打分在一定的波动幅度范围内，这与涉及的题项有关，总体而言分布较为合理。46 个观测变量的偏度系数（Skewness）的绝对值介于 0.088~1.302，均小于 3；峰度（Kurtosis）系数的绝对值介于 0.012~3.124，均小于 10。使用结构方程模型的前提条件是数据呈正态分布，而正态分布检验大多使用偏度和峰度系数检验。Kline（1998）建议偏度系数的绝对值大于3，峰度系数的绝对值大于10则为极端值，必须加以处理。从上述数据描述可以看出，本研究各个观测变量的偏度和峰度系数都在可接受的范围内。综合考虑，可以认为我们获得的样本数据呈近似正态分布。

二、量表的信度和效度检验

（一）量表的信度检验

如前所述，信度（Reliability）反映量表测量结果的一致性、稳定性和可靠性，也就是说测量工具能否稳定地测量到它要测量事项的程度。通常，内部一致性信度是最常用的信度评价方法，其中Cronbach's α系数用得最多。在理论研究中，信度α系数大于0.7，表明量表的可靠性较高。本研究正式调查使用的量表的信度分析结果见表7-13。

表7-13 变量的信度分析结果

研究构念	研究变量	题项编号	题项数	变量的Cronbach's α值
服务品牌差别优势	服务交互优势	A1～A4	4	0.827
	品牌基础优势	A5～A7	3	0.779
	品牌传播优势	A8～A11	4	0.820
	品牌文化优势	A12～A16	5	0.883
顾客感知价值优势	功能价值优势	B1～B3	3	0.893
	情感价值优势	B4～B9	6	0.923
	社会价值优势	B10～B13	4	0.913
服务品牌竞争力	市场表现力	C1～C3	3	0.876
	品牌知名度	C4～C6	3	0.825
	品牌满意度	C7～C12	6	0.918
	品牌忠诚度	C13～C17	5	0.853

如表7-13所示，服务品牌差别优势构念包含的四个研究变量服务交互优势、品牌基础优势、品牌传播优势以及品牌文化优势的Cronbach's α系数值分

别是 0.827、0.779、0.820、0.883，均大于 0.7，说明本研究使用的服务品牌差别优势量表具有较好的信度，研究变量的测量题项具有较高的内部一致性。顾客感知价值优势包含的三个研究变量感知功能价值优势、感知情感价值优势以及感知社会价值优势的 Cronbach's α 系数值分别是 0.893、0.923、0.913，均大于 0.7，说明本研究使用的顾客感知价值优势量表具有很好的信度，研究变量的测量题项具有较高的内部一致性。服务品牌竞争力构念的四个研究变量品牌市场表现力、品牌知名度、品牌满意度以及品牌忠诚度的 Cronbach's α 系数值分别是 0.876、0.825、0.918、0.853，均大于 0.7，说明本研究使用的服务品牌竞争力量表同样具有较好的信度，研究变量的测量题项也具有较高的内部一致性。

（二）量表的效度检验

1. 效度及其检验方法

效度（Validity）是指一个量表测量它所要测量的内容的能力。因此，效度系数越高，表示越能够测量到想要测量的变量。一般而言，量表的效度包括表面效度（face validity）、效标关联效度（criterion-related validity）、内容效度（content validity）以及建构效度（construct validity）等。本研究采用内容效度和建构效度来评价量表的质量。

内容效度主要是评价测量内容或题目的切合性与代表性，是一种命题的逻辑分析，也称为逻辑效度（logical validity）。本研究在文献梳理的基础上，通过访谈相关领域的专家与学者，并与高年级管理专业背景的高等院校学生经过多次的讨论，最后形成量表和相关题项。因此，本研究的量表可以认为是通过严谨程序发展而来，量表的内容效度能够得到保证。

建构效度由内敛效度（convergent validity）和区分效度（discriminate validity）所组成。其中，内敛效度是指不同的观察变量是否可用来测量同一潜变量，而区分效度是指不同的潜变量之间是否存在显著差异。本研究利用验证性因子分析（Confirmatory Factor Analysis，CFA）来检验量表的内敛效度。在验证性因子分析中，效度水平可以由模型的拟合指数和标准化因子载荷系数来检验（Mueller，1996）。如果模型的拟合指数表明拟合水平是可以接受的，即理论模型较好地拟合了样本数据，那么研究者就可以进一步通过观察标准化载荷系数的大小来检验其效度。通常认为，标准化载荷系数大于 0.7，表明量表具有较高的效度，但对于新开发的量表，大于 0.5 也是可以接受的（Chin，1998）。至于区分效度，本研究采用 Fornell 和 Larcker（1981）提出的判别方法进行检验。这种方法采用将每个潜变量的平均提炼方差（Average Variances Extracted，简称 AVE）的平方根，与该潜变量与其他潜变量之间的相关系数进行比较，如果前者远大于后者，则表明每一个潜变量与其自身的测量项目分享的方差，大于与其他测量项目分享的方差，不同潜变量的测量项目之间具有明显的区分效度（Fornell & Larcker，1981）。

2. 验证性因子分析的模型拟合指数选择

验证性因子分析（CFA）属于结构方程模型（SEM）的一种次模型。运用 CFA 来验证各量表的效度，首先要通过拟合指数来检验测量模型的适配情况，然后通过 CFA 的结果确定各个题项的因子载荷值，进而计算出平均提炼方差（AVE）的值，从而判断量表的内敛效度和区分效度，来保证建构效度的准确性。

用于评价和选择模型的拟合指数多达 40 多种，不过大部分拟合指数都以 χ^2 为基础，只是加上各式各样的修正（侯杰泰等，2004）。温忠麟等人（2004）认为，一个理想的拟合指数应当具有以下三个特征：（1）与样本容量无关，即拟合指数不受样本容量的系统影响；（2）惩罚复杂的模型，即拟合指数要根据模型参数多寡而做调整，惩罚参数多的模型；（3）对误设模型敏感，即如果所拟合的模型不真（参数过多或过少），拟合指数能反映拟合不好。Marsh，Hau 和 Grayson（2005）将拟合指数分为三大类：一类是绝对指数（absolute index）；一类是相对指数（relative index），也称为增值指数（incremental index）或比较指数（comparative index）；还有一类是简约指数（parsimony index）。本研究在选择拟合指数来评价模型与样本数据的整体拟合程度时，综合考虑了拟合指数的类型、应用的广泛性以及专业研究者的推荐，分别选取了两个绝对拟合指数 χ^2/df 和 RMSEA、两个相对拟合指数 NNFI 和 CFI 以及两个简约拟合指数 PGFI 和 PNFI，各拟合指数的含义和适配判断标准如下：

（1）卡方自由度比（χ^2/df）。研究者发现，直接应用卡方（χ^2）检验来推断一个模型是否与数据拟合并不妥当，因为 χ^2 的大小易受样本容量的影响。因此，后来研究者建议使用 χ^2/df。χ^2/df 的比值越小，表示假设模型的协方差矩阵与观察数据越适配。一般认为，χ^2/df 在 2.0～5.0 时，可以接受模型；χ^2/df 小于 2.0 时，说明模型与数据拟合得较好。考虑到服务品牌研究的不成熟性，本研究采取较为宽松的值，即认为 χ^2/df 比小于 3 时，表明模型适配度符合要求。

（2）近似误差均方根（Root Mean Square Error of Approximation，RMSEA）。RMSEA 是一种不需要基准线模型的绝对性指标，其优点是受样本容量的影响较小。RMSEA 值越小，表示模型的适配度越佳。通常认为，当 RMSEA 的数值小于 0.05，表示模型适配度非常好（good fit）；其数值在 0.05～0.08 表示模型良好，具有合理适配（reasonable fit）；其数值在 0.08～0.10 表示模型尚可，具有普通适配（mediocre fit）；高于 0.10 时，模型的适配度欠佳（poor fit）（Browne & Cudeck，1993）。本研究将 RMSEA 取值标准设定在 0.08 以下。

（3）非范拟合指数（Non-normed Fit Index，NNFI）。又称为 TLI 指数（Tacker-Lewis Index，TLI）。可以用来比较所提出的模型对虚无模型之间的适配程度，其数值介于 0～1。由于 TLI 值可能会比其他指标值较低，使得可能出现在其他指标值显示假设模型契合的状态下，TLI 值却显示理论模型适配度反而不理想的矛盾现象（邱皓政，2006），因此，更容易发现模型不契合的情形。通常情况下，TLI 大于 0.9，表明模型与数据的拟合程度高。

（4）比较拟合指数（Comparative Fit Index，CFI）。是一种增值适配度统计量。即便是在小样本的情况下，CFI 值对假设模型拟合度的估计依然十分稳定（Bentler，1990），因而成为众多学者衡量模型拟合度的首选指标。通常情况下，CFI 大于 0.9，表明模型与数据的拟合程度高。

（5）调整后的规范拟合指数（Parsimony-adjusted Normed Fit Index，PN-FI）。这是属于一种简约调整后的规范适配指数，它把自由度的数量纳入预期获得适配程度的考虑中。一般以 PNFI 值大于 0.5 作为模型适配度通过的标准。

（6）简约适配度指数（Parsimony Goodness-of-fit Index，PGFI）。其性质与 PNFI 相同，也是一种简约适配度指标，PGFI 介于 0~1，其值越大，表明模型越简约。一般的判断标准采用 PGFI 值大于 0.5 为模型可接受的范围。

3. 服务品牌差别优势量表的验证性因子分析

服务品牌差别优势量表包括四个潜变量：服务交互优势、品牌基础优势、品牌传播与展示优势以及品牌文化优势，其中，服务交互优势包括 4 个观测变量，品牌基础优势包括 3 个观测变量，品牌传播与展示优势包括 4 个观测变量，品牌文化优势包括 5 个观测变量，共涉及观测变量 16 个。应用结构方程软件 LISREL8.70 进行验证性因子分析的结果见表 7-14 和表 7-15。

表 7-14　服务品牌差别优势测量模型的适配检验

统计检验量	χ^2/df	RMSEA	NNFI（TLI）	CFI	PGFI	PNFI
适配标准	<3	<0.08	>0.9	>0.9	>0.5	>0.5
本模型	2.366	0.096	0.94	0.95	0.56	0.75

表 7-15　服务品牌差别优势量表的标准化因子载荷

潜变量	观测变量	标准化因子载荷
服务交互优势	A1	0.59
	A2	0.68
	A3	0.82
	A4	0.84
品牌基础优势	A5	0.73
	A6	0.65
	A7	0.78

潜变量	观测变量	标准化因子载荷
品牌传播优势	A8	0.75
	A9	0.91
	A10	0.66
	A11	0.70
品牌文化优势	A12	0.70
	A13	0.81
	A14	0.84
	A15	0.75
	A16	0.78

由表 7-14 可以看出，除了 RMSEA 指数之外，其他拟合指数都表明服务品牌差别优势测量模型与样本数据拟合较好。RMSEA 值为 0.096，小于 0.10，按照前文所述的判断标准，属于模型的普通适配范围。因此，综合各项拟合指标，本书认为服务品牌差别优势测量模型的拟合优度尚可。由表 7-15 可以看出，所有观测变量的标准化因子载荷均在 0.5 以上，大部分大于 0.7，表明服务品牌差别优势量表具有较好的内敛效度，模型内在质量较好。

4. 顾客感知价值优势量表的验证性因子分析

顾客感知价值优势量表包括三个潜变量：感知功能价值优势、感知情感价值优势和感知社会价值优势。其中，感知功能价值优势包括 3 个观测变量，感知情感价值优势包括 6 个观测变量，感知社会价值优势包括 4 个观测变量，共涉及观测变量 13 个。应用结构方程软件 LISREL8.70 进行验证性因子分析的结果见表 7-16 和表 7-17。

表 7-16　顾客感知价值优势测量模型的适配检验

统计检验量	χ^2/df	RMSEA	NNFI (TLI)	CFI	PGFI	PNFI
适配标准	<3	<0.08	>0.9	>0.9	>0.5	>0.5

续表

统计 检验量	χ^2/df	RMSEA	NNFI （TLI）	CFI	PGFI	PNFI
本模型	1.602	0.079	0.98	0.99	0.59	0.77

表 7-17 顾客感知价值优势量表的标准化因子载荷

潜变量	观测变量	标准化因子载荷
感知功能 价值优势	B1	0.89
	B2	0.91
	B3	0.79
感知情感 价值优势	B4	0.86
	B5	0.84
	B6	0.89
	B7	0.84
	B8	0.88
	B9	0.62
感知社会 价值优势	B10	0.80
	B11	0.88
	B12	0.89
	B13	0.87

由表 7-16 可以看出，所选拟合指数的估计值都达到统计上的显著性，表明顾客感知价值优势测量模型与样本数据的拟合程度较高。由表 7-17 可以看出，几乎所有观测变量的标准化因子载荷均在 0.7 以上（只有题项 B9 的因子载荷系数为 0.62），这表明顾客感知价值优势量表具有很好的内敛效度，模型内在质量较好。

5. 服务品牌竞争力量表的验证性因子分析

服务品牌竞争力量表包括四个潜变量：服务品牌的市场表现力、品牌知名度、品牌满意度和品牌忠诚度。其中，品牌市场表现力包括 3 个观测变量，品牌知名度包括 3 个观测变量，品牌满意度包括 6 个观测变量，品牌忠诚度包括 5 个观测变量，共涉及观测变量 17 个。应用结构方程软件 LISREL8.70 进行验证性因子分析的结果见表 7-18 和表 7-19。

表 7-18　服务品牌竞争力测量模型的适配检验

统计 检验量	χ^2/df	RMSEA	NNFI （TLI）	CFI	PGFI	PNFI
适配标准	<3	<0.08	>0.9	>0.9	>0.5	>0.5
本模型	1.818	0.086	0.96	0.97	0.60	0.77

表 7-19　服务品牌竞争力量表的标准化因子载荷

潜变量	观测变量	标准化因子载荷
服务品牌的市场 表现力	C1	0.83
	C2	0.90
	C3	0.79
品牌知名度	C4	0.69
	C5	0.95
	C6	0.74
品牌满意度	C7	0.85
	C8	0.84
	C9	0.87
	C10	0.84
	C11	0.81
	C12	0.65
品牌忠诚度	C13	0.88
	C14	0.79
	C15	0.83
	C16	0.86
	C17	0.58

由表7-18可以看出，除了RMSEA指数之外，其他拟合指数的估计值都达到统计上的显著性，表明服务品牌差别优势测量模型与样本数据拟合较好。RMSEA值为0.086，小于0.10，按照前文所述的判断标准，属于模型的普通适配范围。因此，综合考虑，本文认为服务品牌差别优势测量模型的拟合优度尚可。由表7-19可以看出，所有观测变量的标准化因子载荷均在0.5以上，大部分大于0.7，表明服务品牌竞争力量表具有较好的内敛效度，模型内在质量较好。

此外，根据上述验证性因子分析得出的各潜变量的AVE值计算其平方根，将之与每个潜变量与其他潜变量的相关系数比较，结果见表7-20。

从表7-20可以看出，每个潜变量AVE值的平方根都大于该潜变量与其他潜变量的相关系数值，说明不同潜变量的测量题项之间具有明显的区分效度。

表7-20　变量区分效度的相关分析

	交互	基础	传播	文化	功能	情感	社会	表现	知名	满意	忠诚
交互	0.717										
基础	0.597	0.709									
传播	0.595	0.580	0.808								
文化	0.629	0.628	0.528	0.775							
功能	0.183	0.037	−0.128	0.147	0.850						
情感	0.161	0.004	−0.110	0.068	0.756	0.906					
社会	0.233	0.073	−0.052	0.176	0.666	0.749	0.851				
表现	0.624	0.671	0.572	0.634	0.160	0.075	0.262	0.735			
知名	0.001	0.082	−0.207	0.004	0.507	0.459	0.572	0.071	0.810		
满意	0.080	0.030	−0.201	0.052	0.651	0.751	0.685	0.012	0.592	0.888	
忠诚	0.184	0.006	−0.046	0.089	0.550	0.671	0.764	0.106	0.552	0.705	0.850

注：表中对角线数字是各变量AVE值的平方根。

三、结构模型的检验

(一) 结构方程模型分析方法及其应用说明

1. 结构方程模型分析方法

结构方程模型 (Structural Equation Modeling, SEM) 是 20 世纪 80 年代 Jo-reskog 和 Sorbom (1982) 在统计理论基础上提出并发展而来的。作为一种多变量统计分析方法,结构方程模型有下列优点:

(1) 可以同时考虑并处理多个因变量。利用回归分析方法或路径分析方法处理多个因变量时,是对每一个因变量逐一计算,忽略了其他因变量的存在及其影响。但结构方程模型分析却可以同时处理多个因变量。

(2) 容许自变量和因变量含测量误差。社会科学领域中的观测值往往包含大量的测量误差,如态度、行为等潜变量的观测往往含有误差。传统的回归分析方法虽然容许因变量含测量误差,但需要假设自变量是没有误差的。结构方程分析容许自变量和因变量均含测量误差,更接近变量的实际面目。

(3) 可以同时估计因子结构和因子关系。在估算因子载荷和因子间的关系时,传统分析方法将这两个步骤分开独立进行,而结构方程分析方法能将这两个步骤同时进行,使估算结果更准确。

(4) 容许更大弹性的测量模型。传统的因子分析方法,只容许一个指标(题项)隶属于单一因子,而结构方程分析容许更加复杂的测量模型,即容许一个指标从属于多个变量或考虑高阶因子等有比较复杂的从属关系的模型。

(5) 能够估计整个模型的拟合程度。在传统路径分析中,只能估计每一个路径 (变量间关系) 的强弱。在结构方程分析中,我们还可以计算不同模型对同一个样本数据的整体拟合程度,从而判断哪一个模型更接近数据所呈现的关系 (Bollen & Long, 1993)。

结构方程分析一般分为四个步骤:第一步,模型建构 (Model Specification)。研究人员从研究问题出发,根据理论或以往研究的成果,形成初始的理论模型。模型建构通常包括两类关系的指定:观测变量 (量表题项) 与潜变量（因子）的关系，以及各潜变量之间的相互关系。第二步，模型拟合（Model Fitting）。对模型中的参数求解的过程即称为模型拟合。求解方法有多种，常用的有最大似然估计法（Maximum Likelihood）、普通最小二乘法（Generalized Least Squares）和偏最小二乘法（Partial Least Squares）。第三步，模型评价（Model Evaluation）。在对模型参数估算出来后，检视模型与样本数据的拟合情况，并与竞争模型的拟合程度进行比较，评估模型的优劣。第四步，模型修正（Model Modification）。如果所研究的模型与样本数据不能较好地拟合，就需要对模型进行修正。研究人员参考模型参数的估算结果，通过增删或重组题项，增删变量间的路径等方式对初始模型进行再设定，产生一个与样本数据拟合程度达到要求的修正模型（侯杰泰等，2004）。

2. 本研究应用结构方程模型分析方法的三点说明

限于条件，本研究的样本量较小，但研究模型涉及的变量关系又比较复杂，综合比较各种统计分析方法，结构方程分析方法仍然是较适合本研究的分析方法。因此，在应用结构方程分析方法检验研究模型及研究假设时，本研究采用了处理小样本数据的策略，在此说明如下：

第一，每个因子的指标控制在 3~5 个。这样做的原因主要是：一方面，若一个因子包含的指标过多，在结构方程模型处理时需要估计的参数就多，使回归系数估计值的稳定性变差，同时会要求大幅度增加样本量以保证结果的可靠性；另一方面，结构方程的分析首先要保证测量模型的质量，每个因子应当最少含 4~5 个指标，包含的指标越多越好（March & Hau，1999）。因此，有研究人员建议，一个因子最好包含 3~4 个指标（Kishton & Widaman，1994）。综合考虑，本研究将每个因子的指标个数控制在 3~5 个。具体而言，若变量本身包含的指标仅为 3 个，就全部加以保留；若变量本身包含的指标超过 5 个，就删除因子载荷低于 0.7 的指标，以避免将低负荷的指标和高负荷的指标混在一起而降低了测量模型的识别性。

第二，使用最大似然估计法进行结构方程求解。从理论上讲，LISREL（Linear Structural Relationship）是线性结构方程模型，它要求处理的数据遵循正态分布。但不少研究表明，在多数情况下，即使变量不是正态分布，用最大似然估计法仍然是合适的、可信的（Boomsma, 1983; Hu Bentler & Kano, 1992）。本研究的数据呈近似正态分布，因此，我们使用最大似然估计法进行求解。

第三，将指标修正后的结构方程视作模型修正，在报告结果时，仍以原模型的结构方程分析结果为依据，同时报告修正模型的拟合优度。

（二）研究模型评价及研究假设的检验

上述的验证性因子分析证实了研究模型中各个变量与测量指标之间的反映关系，在此基础上，本研究将运用结构方程模型（SEM）方法对变量之间的假设路径关系进行验证。研究模型与样本数据的拟合优度评价指标如前所述。

1. 研究模型的拟合评价

运用 LISREL8.70 软件，以最大似然法（ML）对模型及主要参数进行估计。研究模型的整体适配情况见表 7-21。

表 7-21　初始结构模型的适配检验

统计检验量	x^2/df	RMSEA	NNFI（TLI）	CFI	PGFI	PNFI
适配标准	<3	<0.08	>0.9	>0.9	>0.5	>0.5
本模型	1.835	0.073	0.94	0.95	0.54	0.83

从表 7-21 可以看出，结构方程模型检验的各项拟合度指标均达到适配标准要求，表明研究模型与样本数据具有较好的拟合度。

为了增加模型检验的可靠性，按照上述小样本数据处理策略，根据验证性因子分析结果，删除低因子载荷的 A1、A10、B9、C12 和 C7 的指标值后，再运行软件，修正后的模型适配情况见表 7-22。

表 7-22　修正结构模型的适配检验

统计检验量	x^2/df	RMSEA	NNFI（TLI）	CFI	PGFI	PNFI
适配标准	<3	<0.08	>0.9	>0.9	>0.5	>0.5

续表

统计 检验量	χ^2/df	RMSEA	NNFI （TLI）	CFI	PGFI	PNFI
本模型	1.755	0.069	0.95	0.95	0.57	0.83

从表 7-22 可以看出，修正后的模型进行结构方程模型分析的 χ^2 值从 1765.45 减低到 1319.99，自由度从 962 降低到 752，拟合指标中的绝对拟合指数 χ^2/df 值、RMSEA 值都有所减小，NNFI 和 PDFI 数值略有增加。

综合表 7-21 和表 7-22 的模型检验结果，可以认为本研究的概念模型与样本数据达到了合理的拟合优度。

2. 研究假设检验

初始结构模型变量之间的假设路径关系的验证结果见表 7-23。

表 7-23 结构模型路径关系检验结果

假设路径关系	标准化路径系数估计值	T 值	验证结果
FUN←INT	0.660 * * *	5.600	接受
EMO←INT	0.705 * * *	5.836	接受
SOC←INT	0.710 * * *	5.303	接受
FUN←BAS	0.015	0.183	拒绝
FUN←COM	-0.690 * * *	-5.961	接受
EMO←COM	-0.677 * * *	-6.207	接受
SOC←COM	-0.583 * * *	-4.990	接受
EMO←CUL	0.052	0.816	拒绝
SOC←CUL	0.013	0.153	拒绝
MAK←FUN	0.041	0.104	拒绝
NAM←FUN	0.387 *	2.280	接受
SAT←FUN	0.161	1.094	拒绝
MAK←EMO	0.342	0.731	拒绝
SAT←EMO	0.666 * * *	3.805	接受

假设路径关系	标准化路径系数估计值	T 值	验证结果
LOY←EMO	0.192	1.146	拒绝
MAK←SOC	0.941＊＊＊	3.602	接受
NAM←SOC	0.457＊＊	2.817	接受
SAT←SOC	0.139	1.327	拒绝
LOY←SOC	0.455＊＊＊	4.013	接受
LOY←SAT	0.724＊＊＊	4.455	接受
MAK←LOY	0.862＊	2.504	接受

注：＊代表 P<0.05，＊＊代表 P<0.01，＊＊＊代表 P<0.001，没有标＊代表 P>0.05。

　　从表 7-23 可以看出，服务交互（INT）对顾客感知价值的各个维度（FUN、EMO、SOC）的正向影响作用均得到数据支持，因而得出服务交互优势对顾客感知价值优势具有显著正向影响作用（H2）。品牌基础（BAS）对顾客感知功能价值（FUN）的影响作用、品牌文化（CUL）对顾客感知的情感价值和社会价值的影响作用都没有通过检验，因而品牌基础优势和品牌文化优势对顾客感知价值优势的影响作用（H1、H4）在本研究中没能得到数据支持。数据分析表明，品牌传播和展示（COM）对顾客感知价值的各个维度（FUN、EMO、SOC）均有显著的负向影响作用，因而品牌传播和展示优势对顾客感知价值优势具有显著影响的假设（H3）得到数据支持。顾客感知的功能价值（FUN）和情感价值（EMO）对品牌市场表现力（MAK）的影响没有通过显著性检验，而顾客感知的社会价值对品牌市场表现力的影响通过了显著性检验，因而顾客感知价值优势对品牌市场表现力有显著正向影响的假设（H5）受到部分支持。顾客感知的功能价值和社会价值均对品牌知名度（NAM）有显著正向影响，因而顾客感知价值优势对品牌知名度有显著正向影响的假设（H6）得到支持。顾客感知的功能价值和社会价值对品牌满意度（SAT）的正向影响没有通过显著性检验，而顾客感知的情感价值对品牌满意度具有显著的正向影响，因而顾客感知价值优势对品牌满意度具有显著正向影响的假设受到部分支持。同理，顾客感知价值优势对品牌忠诚度（LOY）的显著正向影响作用受到部分支持。品牌满意度对品牌忠诚度的显著正向影响作用和品牌忠诚度对品牌市场表现力的显著正向影响作用均通过检验，因而假设 H9 得到实证支持。研究假设的检验结果见表7-24。

表 7-24 研究假设的结构方程模型检验结果

假设序号	假设陈述	验证结果
H1	服务品牌基础优势对顾客感知价值优势有显著的正向影响。	不支持
H1a	服务品牌基础优势对顾客感知的功能价值优势有显著的正向影响。	不支持
H2	服务交互优势对顾客感知价值优势有显著的正向影响。	支持
H2a	服务交互优势对顾客感知的功能价值优势有显著的正向影响。	支持
H2b	服务交互优势对顾客感知的情感价值优势有显著的正向影响。	支持
H2c	服务交互优势对顾客感知的社会价值优势有显著的正向影响。	支持
H3	服务品牌传播和展示优势对顾客感知价值优势有显著影响。	支持
H3a	服务品牌传播和展示优势对顾客感知的功能价值优势有显著影响。	支持
H3b	服务品牌传播和展示优势对顾客感知的情感价值优势有显著影响。	支持
H3c	服务品牌传播和展示优势对顾客感知的社会价值优势有显著影响。	支持
H4	服务品牌文化优势对顾客感知价值优势有显著的正向影响。	不支持
H4a	服务品牌文化优势对顾客感知的情感价值优势有显著的正向影响。	不支持
H4b	服务品牌文化优势对顾客感知的社会价值优势有显著的正向影响。	不支持
H5	顾客感知价值优势对服务品牌市场表现力有正向影响。	部分支持
H5a	顾客感知功能价值优势对服务品牌市场表现力有正向影响。	不支持

续表

假设序号	假设陈述	验证结果
H5b	顾客感知情感价值优势对服务品牌市场表现力有正向影响。	不支持
H5c	顾客感知社会价值优势对服务品牌市场表现力有正向影响。	支持
H6	顾客感知价值优势对服务品牌知名度有显著正向影响。	支持
H6a	顾客感知功能价值优势对服务品牌知名度有显著正向影响。	支持
H6b	顾客感知社会价值优势对服务品牌知名度有显著正向影响。	支持
H7	顾客感知价值优势对服务品牌满意度有显著的正向影响。	部分支持
H7a	顾客感知功能价值优势对服务品牌满意度有显著的正向影响。	不支持
H7b	顾客感知情感价值优势对服务品牌满意度有显著的正向影响。	支持
H7c	顾客感知社会价值优势对服务品牌满意度有显著的正向影响。	不支持
H8	顾客感知价值优势对服务品牌忠诚度有显著的正向影响。	部分支持
H8a	顾客感知情感价值优势对服务品牌忠诚度有显著的正向影响。	不支持
H8b	顾客感知社会价值优势对服务品牌忠诚度有显著的正向影响。	支持
H9	服务品牌满意度对服务品牌忠诚度有显著的正向影响，而服务品牌忠诚度对服务品牌市场表现力有显著的正向影响。	支持
H9a	服务品牌满意度对服务品牌忠诚度有显著的正向影响。	支持
H9b	服务品牌忠诚度对服务品牌市场表现力有显著的正向影响。	支持

第三节 实证研究结果与研究结论

一、实证分析结果模型

根据上述实证分析对研究模型的评价和研究假设的检验，得到图7-1所示的实证分析结果模型。

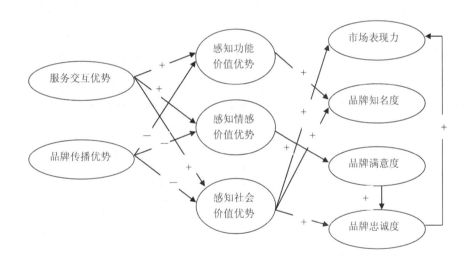

图7-1 实证分析结果模型图

（注："+"表示显著正向影响；"-"表示显著负向影响。）

二、实证研究结果及讨论

（一）服务品牌差别优势的构成及其影响

通过验证性因子分析，服务品牌差别优势的来源可分为四方面：服务交互、品牌基础、品牌沟通和展示以及品牌文化。其中，品牌基础要素反映具象服务品牌的内容，包括企业人力资本和资金、技术等综合实力。品牌基础要素是服务品牌竞争力形成的物质基础，在一定时间范围内，它是相对稳定的。服务交互、品牌传播和展示反映表象服务品牌的内容，包括服务企业与顾客沟通的各种方式：人际沟通，广告、促销、宣传等营销传播手段以及服务的有形展示（Physical Evidence）。服务交互、品牌传播和展示是服务品牌竞争力形成的关键，它们既向服务消费者传递着品牌信息，同时也构成服务消费的内容。这些表象服务品牌要素时常处于变动之中。品牌文化要素反映抽象服务品牌的内容，包括内在的品牌理念和品牌价值观、外显的品牌形象和品牌个性。品牌文化是服务品牌竞争力形成的目的，它是服务品牌的核心和灵魂，是长期的品牌实践积累沉淀的结果，一经形成很难轻易改变。

服务品牌差别优势被顾客感知而形成顾客感知价值优势。实证分析表明，在服务品牌差别优势构成的四个维度中，服务交互优势、品牌传播和展示优势对顾客感知价值具有显著影响；品牌基础优势和品牌文化优势对顾客感知价值的影响作用并不显著。

服务交互优势显著正向影响顾客感知的三个方面的价值。这个结果与理论研究和已有的实证研究结果是一致的。服务理论认为，服务的本质是过程，服务人员与顾客的交互作用构成服务传递过程的主要内容。服务消费者通过服务人员的态度、服务意愿、解决问题的主动性和反应性等方面形成对服务的感知，进而形成对服务品牌的感知价值评价。服务员工尤其是一线员工的表现越好，顾客感知的服务质量越高，越能有正面积极的情感体验，也就越能产生对服务品牌、服务人员和自身选择的认同，从而在功能价值、情感价值和社会价值上形成较大的顾客感知优势。

品牌传播和展示显著负向影响顾客感知的功能价值、情感价值和社会价值。这个结果与以往的研究有出入。在 Berry（2000）提出的服务品牌资产模型中，顾客体验虽然是品牌意义形成的主要影响因素，企业展示的品牌即企业通过广告、公关、服务设施等多种传播方式使消费者熟悉品牌的策略，同时对顾客感知的品牌意义也发挥次要影响作用。对这一结果的合理解释可能需要借助服务期望理论并结合我国的服务情境进行分析。服务期望是指顾客在购买服务前所具有的信念或观念，作为一种标准或参照系，它与实际绩效进行比较，从而形成顾客对服务质量的判断（Berry et al. 1993）。企业品牌传播和展示是顾客的服务期望形成的影响因素之一。企业通过广告、促销、宣传以及服务设施等多种传播方式，向目标消费者传达有关品牌和服务的内容、特征等信息，这些信息影响消费者对服务价值的判断标准。需要指出的是，顾客期望是一把"双刃剑"，它一方面是吸引顾客的动力，另一方面又给服务企业的经营行为建立了一个最低标准。企业通过广告、促销、宣传以及服务设施等多种传播方式，在服务的内容、质量、价格、优惠等方面对顾客做出了明确或隐含的服务承诺，使顾客形成一定的期望，从而达到吸引顾客的目的。但企业有时只注意到了顾客期望在吸引顾客方面的动力作用，却忽视了顾客期望的另一个作用，即品牌传播和展示建立了顾客期望同时也为企业设定了最低的服务标准。在这一过程中，如果企业给顾客设立的期望水平过高，但服务的实际传递过程却无法达成相应的标准水平，顾客感知的服务价值反而会降低。此外，当前的服务市场环境下，服务品牌传播的混乱和不一致也导致了顾客对服务价值评价的降低。当服务营销传播的内部营销传播、交互营销传播和外部营销传播（梁彦明，2004）不能整合成一个有机的整体，向消费者传递一致的服务信息时，很难建立起顾客对服务品牌的价值认同。如电信运营商在广告中宣称将向市场提供一种资费优惠套餐，却没有确切地表明推出新服务的时间，当顾客来到电信营业厅咨询时却没有营业员能给出相关新产品的确切答复，顾客可能会怀疑企业宣传的动机和诚信。

品牌基础优势和品牌文化优势对顾客感知价值的影响作用并不显著，这个结果一方面进一步表明了服务品牌的竞争力很大程度上来源于顾客体验，即顾客与服务组织的互动作用过程；另一方面说明，品牌基础要素和文化要素是通过提供服务交互过程中的有形设施和人力资源等条件，间接而不是直接地影响服务交互过程。因为，从表7-20列出的各变量的相关系数可以看出，品牌基础优势、品牌文化优势和服务交互优势、品牌传播和展示优势之间具有显著的正相关性。

（二）服务品牌顾客感知价值的构成及其影响

验证性因子分析的结果表明，服务业顾客的感知价值可以划分为功能价值、情感价值和社会价值三个层面，这三个层面的感知价值对服务品牌竞争力的影响作用是有差异的。从表7-23可以看出，顾客感知的社会价值对服务品牌竞争力的影响作用最突出，它显著正向影响服务品牌竞争力的三个维度：市场表现力、品牌知名度和品牌忠诚度（路径系数分别是0.941、0.457和0.455，T值分别是3.602、2.817和4.013）；顾客感知的功能价值和情感价值只显著正向影响服务品牌竞争力的单一维度。顾客感知的功能价值显著正向影响服务品牌的知名度（路径系数是0.387，T值是2.28）；顾客感知的情感价值显著正向影响服务品牌的满意度（路径系数是0.666，T值是3.805）。由此可见，顾客感知的社会价值对银行和酒店服务品牌竞争力的影响作用最大，其次是顾客感知的情感价值，最后是顾客感知的功能价值。这个结果显示了顾客感知的社会价值对形成服务品牌竞争力的重要影响作用。虽然，社会价值的概念很早就被提出（Sheth, et al. 1991），但是实证检验相对较少，其影响作用并没有受到重视，而本研究的实证分析结果为社会价值的重要性提供了支持。情感价值和功能价值的二维划分是常用的顾客价值分析方法，两个维度对消费行为解释力的大小因产品类型和顾客消费经验的有无而有所不同。多数情况下，情感价值是一个次于功能价值的建构，但在有关耐用品和服务的顾客价值实证研究中，情感价值对消费行为的解释力往往超过了功能价值（徐茵，2010）。

（三）服务品牌顾客满意度、忠诚度及其与市场表现力的关系

实证分析结果表明，服务品牌顾客满意度显著正向影响顾客忠诚度（路径系数是0.724，T值是4.455），而顾客忠诚度显著正向影响品牌的市场表现力（路径系数是0.862，T值是2.504）。这一结果与已有的理论和实证研究结果高度一致，进一步为服务品牌建设的顾客导向提供了实际证据。市场占有率、超值利润和市场覆盖率等指标反映了当前的品牌市场表现力，是显性的品牌竞争力；而品牌顾客满意度和忠诚度则反映了顾客基于认知和情感等产

生的品牌认同,这种心理上的品牌认同构成一种隐性的品牌竞争力,最终会反映在品牌的市场绩效上。如果将品牌知名度、满意度和忠诚度归纳为消费者对品牌的支持力,那么,这种支持力最终将转化为品牌在市场上的表现力。

综上,经过验证性因子分析,服务品牌差别优势、顾客感知价值优势以及服务品牌竞争力的测量模型与样本数据达到较好的拟合;运用最大似然法对结构方程求解,结构模型的拟合优度也较理想,多数研究假设得到样本数据的支持。实证结果表明,服务交互优势显著正向影响顾客感知的功能价值、情感价值和社会价值;而品牌传播和展示却显著负向影响顾客感知的三个方面的价值;品牌基础优势和品牌文化优势对顾客感知价值优势的作用并不显著。服务业顾客感知价值对服务品牌竞争力产生影响,但三个层面的影响作用存在差异。其中,顾客感知的社会价值对服务品牌竞争力的影响作用最大,其次是情感价值,最后是功能价值。服务品牌顾客满意度显著正向影响顾客忠诚度,而顾客忠诚度显著正向影响品牌市场表现力的假设也得到了样本数据的支持。

三、服务品牌竞争力形成机理研究的结论与管理启示

(一)研究结论

通过前文对服务品牌竞争力形成机理的理论分析、实证分析以及对实证分析结果的讨论,本研究得出如下结论:

第一,从本体视角分析,品牌是由具象、抽象和表象三相构成的一体化的品牌。"三相一体"的品牌差别优势是服务品牌竞争力的本体来源,具体表现为品牌基础优势、服务交互优势、品牌传播和展示优势以及品牌文化优势。服务品牌差别优势的这四个层面之间是相互影响的。

第二,与制造业的实体产品品牌不同,服务品牌是基于过程的品牌。服务过程既是服务生产和传递的过程,也是品牌信息沟通的过程,顾客对服务价值的感知主要来源于服务过程中的服务交互以及品牌传播和展示。其中,服务交互显著正向影响顾客感知的功能价值、情感价值和社会价值;而在我

国目前的银行和酒店服务情境下，品牌传播和展示却显著负向影响顾客感知的功能价值、情感价值和社会价值。

第三，服务品牌顾客的感知价值可分为功能价值、情感价值和社会价值三个维度，其中，社会价值是服务品牌竞争力形成的主要驱动因素，其次是情感价值，最后是功能价值。

第四，服务品牌差别优势会影响顾客的感知价值，进而影响服务品牌竞争力的形成。因此，服务品牌差别优势是服务品牌竞争力的源泉，顾客感知价值在其中发挥中介作用。也就是说，服务品牌差别优势通过转化为顾客价值优势，进而形成服务品牌竞争力。

第五，顾客对服务品牌的高度满意和忠诚最终会形成对服务品牌在市场竞争中优异表现的有力支持。

(二) 管理启示

中国制造已享誉世界，但中国品牌的竞争力还处于弱势地位，亟须提高。伴随着工业化和信息化的发展进程，服务经济逐渐成为经济发展的主导，提升中国服务企业的品牌竞争力将会成为提升中国品牌整体竞争力的有效途径。但是，关于服务品牌尤其是服务品牌竞争力的研究还很缺乏，本研究尝试从品牌本体角度分析了服务品牌竞争力的形成机理，构建并通过实证分析验证了"服务品牌差别优势→顾客感知价值优势→服务品牌竞争力"的机理分析框架。本研究的结论对于服务企业开展品牌建设的实践具有重要启示。

1. 服务交互过程是形成服务品牌竞争力的关键

服务的本质是过程和表现。服务交互过程是服务消费者与服务组织的人员、设施以及环境等互动的过程，是创造顾客价值的"真实瞬间"（The Moment of Truth）。顾客对服务品牌的价值感知和评价主要来源于这些服务互动的环节。因此，服务企业提升品牌竞争力的努力应以服务交互过程为中心，有效管理每一个服务接触点的质量，创造令顾客满意的服务体验，提升顾客对服务的价值感知。

2. 注重服务品牌的内部建设

在服务交互过程中，服务员工尤其是一线员工扮演了组织"使者"的角色，从顾客角度来看，员工的态度和行为就是服务的内容。因此，服务交互质量的高低很大程度上取决于与顾客互动的服务员工的表现。从服务品牌建设的角度，激发服务员工积极参与服务传递过程，实际上是服务品牌的内部建设，或者称之为服务品牌的"内化"（Internalizing the Brand）。只有当员工理解品牌、认同品牌的价值观时，才可能在服务传递过程中，自发主动地践行服务组织对顾客的品牌承诺，从而实现服务品牌的价值传递，树立鲜明的品牌形象。服务品牌的内部建设或者品牌内化策略通常包括：企业通过调研员工对品牌的认识确立品牌识别，培训员工、与员工分享品牌背后的探索和策略，对支持品牌建设的员工给予回报和鼓励等。其核心是重视员工在服务品牌建设中的关键作用，激发每一位员工都积极参与到品牌培育和建设的工作中。

3. 加强服务品牌沟通的一致性管理

服务交互的过程也是服务员工与顾客进行品牌沟通的过程。除了员工与外部顾客的交互品牌沟通，服务品牌沟通还包括组织与顾客的外部品牌沟通以及组织与服务员工的内部品牌沟通。这三个维度的品牌沟通需要加以整合，以保证向目标顾客传递统一的信息和承诺。如果三个方面传递的品牌信息不一致时，顾客对服务价值的认知就可能发生混乱，降低评价，产生不满意的感觉。本研究中品牌传播对顾客感知价值的负向显著作用，其部分原因可能是服务组织通过外部品牌沟通做出了过高的承诺，但在员工与顾客的交互品牌沟通中却没能实现，因而降低了顾客对服务价值的评价。

4. 突出服务品牌的社会价值和情感价值

研究者很早就注意到品牌传递的情感价值，本研究也发现社会价值和情感价值对服务品牌竞争力的贡献明显大于顾客感知的功能价值。这个发现启发服务管理者在传递服务价值过程中需要突出品牌带给顾客的社会价值和情感价值。情感纽带的建立很大程度上来源于人际交往，服务员工与顾客的交互作用过程正是人际交往的过程，服务员工的服务意愿、热情和态度等传达着丰富的情感信息，直接影响顾客的情感体验。因此，招聘员工时兼顾服务能力和服务意愿，培训员工的人际交往技能等措施，有利于创造员工与顾客之间的信任感和亲近感，进而增加服务的情感价值和社会价值。另外，服务组织通过增加与其他组织的联系，促进顾客之间的互动等措施，也能有效地提高顾客感知的社会价值。例如，银行联系教育培训机构、旅行社、乐团等组织为客户举办讲座、咨询会和音乐会等，丰富了顾客对银行服务的价值感知。

5. 培育可持续的服务品牌竞争力

本研究进一步证实了服务品牌的顾客满意度和忠诚度与市场表现有显著的正相关关系。高度的顾客满意和顾客忠诚意味着消费者对品牌的支持，这种支持力最终会转化为品牌的市场绩效，在品牌竞争中显现出来。因为归根结底，品牌竞争力来源于顾客的认可。没有消费者支持的品牌是缺乏竞争力的品牌。但是，赢得高度的顾客满意和顾客忠诚往往不是一朝一夕的努力就可以立竿见影的，因此，服务经营者要放远眼光，从品牌竞争力的可持续性出发，坚持顾客导向，通过努力创造顾客价值优势来打造强势服务品牌。

（三）研究局限与未来研究展望

1. 研究的局限性

本研究关于服务品牌竞争力形成机理的探讨围绕两个研究问题展开：一是服务品牌竞争力的来源或前置因素有哪些？二是这些因素如何影响服务品牌竞争力的形成？对第一个问题的解答从品牌本体分析着手，提出基于"三相一体"模型的服务品牌差别优势是服务品牌竞争力的本体来源；对第二个问题的解答在文献研究、理论分析和实证分析的基础上，得出"服务品牌差别优势→顾客感知价值优势→服务品牌竞争力"的作用路径。服务品牌竞争力是一个复杂现象，受到多方面因素的影响，本研究仅从品牌本体视角、员工个体和顾客个体的微观角度对之进行考察，难免有局限性，需要在后续研究中展开进一步的探索。

（1）研究视角有待进一步拓宽

本书从本体视角分析了服务品牌竞争力的来源，一定程度上整合了企业视角和消费者视角。但是，关于品牌本体的研究因为复杂而并不成熟，还有待深入，所以，研究视角有待进一步拓展。

（2）研究方法需要多样化

本研究运用了哲学思辨的方法、社会调查和统计分析等实证分析方法，如果能够结合案例研究方法，可能对服务品牌竞争力形成过程中的诸多因素有更生动、直观和详尽的考察，因而可能使研究结论更可靠。

（3）样本的选择范围和样本量有待扩大

本书的实证研究选择了具有类似服务特征的银行和酒店品牌，而服务的行业差异性较大，从一类服务得出的实证分析结果不一定适用于另一类服务，所以，有必要扩展服务品牌的行业范围，以增强研究结论的外部有效性。此外，如果有条件将样本量扩大至 200 个服务品牌以上，研究结论的可靠性可能会有较大的提高。

2. 未来研究方向

随着服务经济的发展和服务市场的进一步完善，建设有竞争力的服务品牌将日益受到理论界和实践者的重视，所以，关于服务品牌竞争力形成机理的探索也会不断深入。未来的研究可以从以下方向进一步拓展：

（1）基于品牌生态系统的研究

品牌生态系统是生物学隐喻尤其是商业生态系统概念在品牌研究中的体现（王兴元，2004），生态系统的视角突破了品牌的企业边界，将企业和环境视为有机的一个整体，扩展了品牌本体概念的外延。因此，品牌生态系统是一个更为广阔的研究视角。

（2）静态比较研究和动态研究

本书对于服务品牌竞争力形成机理的探讨只是静态研究，而品牌竞争力本身就具有比较性和动态性，因此，今后有必要结合相应的研究方法，收集纵贯数据，开展服务品牌竞争力形成机理的静态比较研究和动态研究，从而更全面深入地把握服务品牌建设规律。

（3）不同服务行业类型的对比研究

由于服务具有较大的差异性特征，因而影响服务品牌竞争力的因素可能因服务行业类型而异。因此，有必要选择广泛的服务行业分别进行实证分析，并加以对比，从中发现共同规律和特殊性，从而为不同行业的服务品牌建设提供针对性较强的理论指导。

附　录

附录1　山东省国有企业品牌经营状况调查问卷

尊敬的女士/先生：

您好！

我们是《山东省国有企业品牌竞争力提升路径与品牌培育对策研究》课题组的调查员，调研的目的是了解山东省国有企业品牌经营现状及基本特征，研究结果将提交相关政府部门，为主管部门制定行业发展政策提供重要依据。该研究得到"山东省科学技术发展计划（软科学部分）"的资助。

本次调查是匿名调查，所有信息仅作学术研究之用，我们保证对您的个人信息严格保密，不会让其他人辨认出您及贵公司的身份。

对您在百忙之中接受访谈，我们表示衷心的感谢！

一、企业的基本情况

1. 企业名称_____；企业创立于_____年。

2. 企业的员工人数_____。

3. 企业近三年的销售收入（万元）：201＊年_____；201＊年_____；201＊年_____。

4. 企业的主营业务是_____。

5. 企业的主营产品在山东省市场中占据的市场份额_____；在全国市场中占据的市场份额_____；在海外市场中占据的市场份额_____。

6. 企业的性质：

   □ 省属国有企业　　　□ 市属国有企业

7. 企业是否获得过"中国驰名商标"或"著名商标"称号？

   □ 是　　　　　　　　□ 否

8. 企业获得"中国驰名商标"或"著名商标"称号的产品是_____

   _____。

二、企业的品牌经营状况

1. 您认为品牌对于本企业的经营作用

   □ 很重要　　　　　□ 比较重要　　　　　□ 一般

   □ 不太重要　　　　□ 很不重要

2. 企业开始做品牌规划的时间

   □ 2001 年之前　　　□ 2001—2005 年　　　□ 2006—2010 年

   □ 2011—2020 年　　　□ 基本没有规划

3. 参与企业品牌规划的部门和人员主要有（可多选）

   □ 董事会和总经理　　□ 营销管理人员　　　□ 研发部门人员

   □ 生产部门人员　　　□ 销售部门人员　　　□ 财务管理人员

   □ 其他_____

4. 负责品牌日常管理和绩效评价的部门是_____。

5. 请写出企业的品牌名称及对应的产品。

（1）品牌名称_____，产品_____；

（2）品牌名称_____，产品_____；

（3）品牌名称_____，产品_____。

6. 企业品牌的核心价值可以表述为_____。

7. （1）企业品牌标识（名称和标志）是否进行过专门设计？

　　□ 是　　　　　　　　□ 否

　　（2）若"是"的话，设计者是

　　□ 企业自身　　　□ 外部机构和人员　　□ 合作设计

8. （1）近一年内，企业品牌传播的主题是_____。

　　（2）传播途径有（可多选）

　　□ 电视　　　　　　□ 网站　　　　　　□ 广播

　　□ 报纸、杂志　　　□ 户外或路牌　　　□ 微信

　　□ 微博　　　　　　□ 赞助或活动　　　□ 其他_____

9. 您认为，用户认同企业品牌的原因主要是（限选三项）

　　□ 产品质量好　　　　　　　□ 产品性价比高

　　□ 品牌知名度高、声誉好　　□ 品牌能够彰显用户的身份和地位

　　□ 品牌能引发用户的情感共鸣　□ 随处都买得到

　　□ 个性化定制　　　　　　　□ 品牌服务周到、细致

10. 与行业平均价格水平比较，本企业品牌产品的定价

　　□ 高于平均价格20%（含）以上　□ 高于平均价格10%~20%

　　□ 高于平均价格5%~10%　　　　□ 与平均价格持平

　　□ 低于平均价格5%~10%　　　　□ 低于平均价格10%~20%

　　□ 低于平均价格20%（含）以上

11. 为创建品牌，本企业通过哪些活动加强内部员工对品牌的认识？

　　这些活动主要有

　　（1）_____；

　　（2）_____；

　　（3）_____。

12. 为创建品牌，本企业通过哪些活动加强供应商和经销商或分销商对品牌的认识？

　　这些活动主要有

（1）_____；

（2）_____；

（3）_____。

13. 企业有否发起和开展品牌交流和互动活动，如品牌社区、品牌论坛、品牌俱乐部等？

□ 有，主要是_____ 。

□ 无

14. 您认为，对于企业的品牌创建，最重要的是（限选三项）

□ 品牌的战略规划　　　　　　　□ 品牌产品的研发

□ 品牌管理人才　　　　　　　　□ 品牌策划

□ 品牌的外部传播　　　　　　　□ 品牌的员工沟通

□ 供应商和渠道商的合作　　　　□ 品牌建设预算

□ 其他_____

15. 您认为，为了进一步提升企业品牌竞争力，企业应采取哪些举措？

_____

_____

_____。

您在企业的职务：

□ 高层管理者　　　　　　　　　□ 中层管理者

□ 基层管理者　　　　　　　　　□ 一般员工

问卷已全部回答完毕。再次感谢您！祝愿贵公司事业蒸蒸日上！

附录 2　山东省装备制造业企业品牌经营状况调查问卷

尊敬的女士/先生：

您好！

我们是《加快山东省装备制造业品牌升级研究》课题组的调查员，调研的目的是了解山东省装备制造业品牌经营现状及基本特征，研究结果将提交相关政府部门，为主管部门制定行业发展政策提供重要依据。该研究得到"山东省社会科学规划项目"的资助。

本次调查是匿名调查，所有信息仅作学术研究之用，我们保证对您的个人信息严格保密，不会让其他人辨认出您及贵公司的身份。对您在百忙之中接受访谈，我们表示衷心的感谢！

一、企业的基本情况

1. 企业名称＿＿＿＿＿＿＿＿＿＿＿＿＿＿＿＿＿＿；创立于＿＿＿＿ 年。

2. 企业的员工人数＿＿＿＿＿＿＿＿＿。

3. 企业近两年的销售收入（单位：万元）

201＊年：国内市场收入＿＿＿＿＿＿；海外市场收入＿＿＿＿＿；

201＊年：国内市场收入＿＿＿＿＿＿；海外市场收入＿＿＿＿＿。

4. 企业的主营业务是（可多选）＿＿＿＿＿＿＿＿＿＿＿＿。

（1）农业机械　　　　　　　　　（2）工程机械

（3）石化设备　　　　　　　　　（4）发动机（内燃机）

（5）汽车、汽车零部件　　　　　（6）电工电气设备

（7）机床等金属加工机械　　　　（8）仪器仪表

（9）船舶与海洋工程设备　　　　（10）轨道交通设备

（11）通信设备、计算机及其他电子设备　　（12）其他_____

5. 企业的主营产品在山东省市场中的市场份额_____；

　　在全国市场中的市场份额_____；

　　在海外市场中的市场份额_____。

6. 企业是否获得过"中国驰名商标"或"中国名牌产品"称号？

　　□是　　　　　　　□否

　　企业获得"中国驰名商标"或"中国名牌产品"称号的产品是_____

　　_____。

7. 企业是否获得过"山东省著名商标"或"山东省名牌产品"称号？

　　□是　　　　　　　□否

　　企业获得"山东省著名商标"或"山东省名牌产品"称号的产品是__

　　_____。

二、企业的品牌经营状况

8. 您认为品牌对于本企业的经营作用

　　A 很重要　　　　　　B 比较重要　　　　　C 一般

　　D 不太重要　　　　　E 很不重要

9. 企业开始做品牌规划的时间

　　A 2001 年之前　　　　　　　　　　B 2001—2005 年

　　C 2006—2010 年　　　　　　　　　D 2011—2020 年

　　E 基本没有规划

10. 参与企业品牌规划的部门和人员主要有（可多选）

　　A 董事会和总经理　　　　　　　　B 营销管理人员

　　C 研发部门人员　　　　　　　　　D 生产部门人员

　　E 销售部门人员　　　　　　　　　F 财务管理人员

　　G 其他_____

11. 负责品牌日常管理和绩效评价的部门是_____。

12. 企业品牌的核心价值表述是_____。

13.（1）企业品牌标识（名称和标志）是否进行过专门设计？

　　□是　　　　　　　□否

（2）若"是"的话，设计者是_____。

　　A 企业自身　　　　B 外部机构和人员　　　C 合作设计

14.（1）企业通过以下途径进行品牌传播（可多选）

　　A 电视　　　　　　B 网站　　　　　　　C 广播

　　D 报纸、杂志　　　E 户外或路牌　　　　F 微信

　　G 微博　　　　　　H 赞助或活动　　　　I 其他_____

（2）近一年内，企业品牌传播的主题是_____。

15. 您认为，用户认同企业品牌的原因主要是（限选三项）

　　A 产品质量好　　　　　　　B 产品性价比高

　　C 品牌知名度高、声誉好　　D 品牌能够彰显用户的身份和地位

　　E 品牌能引发用户的情感共鸣　F 产品购买便利

　　G 个性化定制　　　　　　　H 服务周到、细致

16. 与行业平均价格水平比较，本企业品牌产品的定价

　　A 高于平均价格 20%（含）以上　　B 高于平均价格 10%～20%

　　C 高于平均价格 5%～10%　　　　　D 与平均价格持平

　　E 低于平均价格 5%～10%　　　　　F 低于平均价格 10%～20%

　　G 低于平均价格 20%（含）以上

17. 为创建品牌，本企业通过哪些活动加强内部员工对品牌的认识？

　　这些活动主要有（1）_____；

　　　　　　　　　（2）_____；

　　　　　　　　　（3）_____。

18. 为创建品牌，本企业通过哪些活动加强供应商和经销商或分销商对品牌的认识？

　　这些活动主要有（1）_____；

　　　　　　　　　（2）_____；

　　　　　　　　　（3）_____。

19. 企业有否发起和开展品牌交流和互动活动，如品牌社区、品牌论坛、品牌俱乐部等？

　　□有，主要是＿＿＿＿＿＿＿＿＿＿＿＿＿＿＿。　　　　□无

20. 您认为，对于企业的品牌创建，比较重要的是（限选三项）

　　A 品牌的战略规划　　　　　　　　　B 品牌产品的研发

　　C 品牌管理人才　　　　　　　　　　D 品牌策划

　　E 品牌的外部传播　　　　　　　　　F 品牌的员工沟通

　　G 供应商和渠道商的合作　　　　　　H 品牌建设预算

　　I 其他＿＿＿＿＿＿

三、企业的品牌国际化状况

21. 公司是否有明确的品牌国际化战略？

　　A 有　　　　　　　　　　　　　　　B 没有

　　如果有，实施了多少年？

　　A 1 年以内　　　　　　　　　　　　B 1~5 年

　　C 5~10 年　　　　　　　　　　　　D 10 年以上

22. 公司国际化的品牌战略是

　　A 贴牌　　　　　　　　　　　　　　B 联合创牌

　　C 自主品牌　　　　　　　　　　　　D 其他＿＿＿＿＿＿

23. 公司国际目标市场选择策略是

　　A 先发达国家后发展中国家　　　　　B 先发展中国家后发达国家

　　C 仅在发展中国家　　　　　　　　　D 仅在发达国家

　　E 其他＿＿＿＿＿＿＿

24. 公司进入国际市场的方式是（可多选）

　　A 出口贸易　　　　　　　　　　　　B 贴牌生产

　　C 建立海外销售机构　　　　　　　　D 战略联盟

　　E 并购当地企业　　　　　　　　　　F 许可经营

　　G 建立海外生产机构　　　　　　　　H 其他＿＿＿＿＿

25. 您认为，现阶段企业品牌产品在国际市场上的地位处于

　　A 绝对优势　　　　　B 相对优势　　　　　C 一般地位

　　D 相对劣势　　　　　E 绝对劣势

26. 您认为，现阶段企业品牌产品在国际市场中最具竞争力的要素是＿＿＿

　　＿＿＿；

　　最缺乏竞争力的要素是＿＿＿＿＿＿。

　　A 性能　　　　　　　B 价格　　　　　　　C 服务

　　D 形象　　　　　　　E 技术　　　　　　　F 其他＿＿＿＿＿

27. 您认为，本企业品牌国际化建设的主要制约因素是（限选三项）

　　A 领导层重视不够　　　　　　　　B 缺乏国际化人才队伍

　　C 资金不足　　　　　　　　　　　D 产品质量较差

　　E 核心技术缺乏　　　　　　　　　F 营销渠道不畅

　　G 售后服务水平低　　　　　　　　H 文化差异

　　I 其他＿＿＿＿＿＿＿＿

四、您的建议

28. 您认为，为了进一步提升品牌竞争力，企业应采取哪些举措？

　　＿＿＿＿＿＿＿＿＿＿＿＿＿＿＿＿＿＿＿＿＿＿＿＿＿＿＿＿＿＿

　　＿＿＿＿＿＿＿＿＿＿＿＿＿＿＿＿＿＿＿＿＿＿＿＿＿＿＿＿＿＿。

29. 您认为，为了进一步提升品牌国际化水平，企业应采取哪些举措？

　　＿＿＿＿＿＿＿＿＿＿＿＿＿＿＿＿＿＿＿＿＿＿＿＿＿＿＿＿＿＿

　　＿＿＿＿＿＿＿＿＿＿＿＿＿＿＿＿＿＿＿＿＿＿＿＿＿＿＿＿＿＿。

您在企业的职务：

□高层管理者　　　　　　　　　　□中层管理者

□基层管理者　　　　　　　　　　□一般员工

问卷回答完毕。再次感谢您的帮助！祝愿贵公司事业蒸蒸日上！祝您健康快乐！

附录3 预调查问卷之一（员工部分）

尊敬的女士/先生：

您好！我们是山东大学管理学院"服务品牌竞争力"调查组，本次调查试图了解服务品牌差异化优势的构成要素，从而探索服务品牌竞争力的形成机理。本调查是匿名调查，所有信息仅作学术研究之用，我们保证对您的个人信息严格保密。答案无对错之分，只要真实反映您的意见即可。对您在百忙之中帮忙填写问卷，我们表示衷心的感谢！

山东大学"服务品牌竞争力"调查组

第一部分：下列陈述句反映您对自己所属企业品牌的认识。请问您在多大程度上同意下列说法（答案无对错之分，请根据您的真实看法选择一个数字打√）。

题号	问题陈述	认同程度				
		非常同意	比较同意	一般	比较不同意	非常不同意
A1	与同行相比，我们企业能够提供更合乎顾客需要的服务产品。	5	4	3	2	1
A2	与同行相比，我们企业的服务质量更好。	5	4	3	2	1
A3	与同行相比，我们企业的服务设施更完备。	5	4	3	2	1
A4	与同行相比，我们企业的员工素质更高。	5	4	3	2	1
A5	与同行相比，我们企业的实力更大。	5	4	3	2	1
A6	与同行相比，我们企业的广告费用更多。	5	4	3	2	1

续表

题号	问题陈述	认同程度				
		非常同意	比较同意	一般	比较不同意	非常不同意
A7	与同行相比，我们企业的促销力度更大。	5	4	3	2	1
A8	与同行相比，我们企业的促销更频繁。	5	4	3	2	1
A9	与同行相比，我们企业的公共关系更优良。	5	4	3	2	1
A10	与同行相比，我们企业的员工更主动关心顾客。	5	4	3	2	1
A11	与同行相比，我们企业的员工能更快速响应顾客的要求。	5	4	3	2	1
A12	与同行相比，我们企业的顾客口碑更佳。	5	4	3	2	1
A13	与同行相比，我们企业具有更清晰的品牌定位。	5	4	3	2	1
A14	与同行相比，顾客更认同我们企业的价值观。	5	4	3	2	1
A15	与同行相比，我们企业具有更好的品牌形象。	5	4	3	2	1
A16	与同行相比，我们企业具有更鲜明的品牌个性。	5	4	3	2	1
A17	与同行相比，我们企业更重视品牌文化建设。	5	4	3	2	1
A18	我们企业是行业内产品创新的领先者。	5	4	3	2	1
A19	我们企业是行业内技术创新的领先者。	5	4	3	2	1
A20	我们企业是行业内营销创新的领先者。	5	4	3	2	1

题号	问题陈述	认同程度				
		非常同意	比较同意	一般	比较不同意	非常不同意
A21	我们企业经常开展服务系统创新。	5	4	3	2	1
A22	我们企业很重视文化创新。	5	4	3	2	1

第二部分：下列陈述句反映您对自己所属企业品牌市场竞争表现力的认识。请问您在多大程度上同意下列说法（答案无对错之分，请根据您的真实看法选择一个数字打√）。

题号	问题陈述	认同程度				
		非常同意	比较同意	一般	比较不同意	非常不同意
C1	我们企业品牌的市场占有率较高。	5	4	3	2	1
C2	我们企业品牌的市场覆盖面较广。	5	4	3	2	1
C3	我们企业的利润率高于行业平均水平。	5	4	3	2	1

第三部分：您的基本信息

1. 您工作的企业名称：

2. 当前您工作的部门或职务：

3. 您在该企业的工作年限：

　　□ 1 年及以下　　　□ 2~5 年　　　　□ 6~10 年

　　□ 10~20 年　　　　□ 20 年以上

4. 您的性别：

　　□ 男　　　　　　　□ 女

5. 您的年龄：

  □ 25 岁以下   □ 26~35 岁   □ 36~45 岁

  □ 46~55 岁   □ 55 岁以上

6. 您的受教育程度：

  □ 大专及以下   □ 大学本科

  □ 硕士研究生   □ 博士及以上

问卷到此结束。再次感谢您的真诚帮助！祝您身体健康，工作顺利！

以下请调研员填写。

调研的企业名称：

调研时间：

调研地点：

调研员签名：

附录4　预调查问卷之二（消费者部分）

尊敬的女士/先生：

您好！我们是山东大学管理学院"服务品牌竞争力"调查组，本次调查试图了解您对服务品牌的感知，为探索服务品牌竞争力的形成机理提供事实依据。本调查是匿名调查，所有信息仅作学术研究之用，我们保证对您的个人信息严格保密。答案无对错之分，只要反映您的真实想法即可。对您在百忙之中帮助填写问卷，我们表示衷心的感谢！

山东大学管理学院"服务品牌竞争力"调查组

第一部分：下列陈述句反映您对该服务品牌的价值感知。请问您在多大程度上同意下列说法（答案无对错之分，请根据您的真实想法选择一个数字打√）。

题号	问题陈述	认同程度				
		非常同意	比较同意	一般	比较不同意	非常不同意
B1	该企业能够提供我所需要的服务。	5	4	3	2	1
B2	该企业能够提供承诺的服务质量。	5	4	3	2	1
B3	该企业的服务定价合理。	5	4	3	2	1
B4	该企业的员工训练有素。	5	4	3	2	1
B5	该企业具备必要的服务设施。	5	4	3	2	1
B6	该企业提供服务的过程令人心情愉快。	5	4	3	2	1

续表

题号	问题陈述	认同程度				
		非常同意	比较同意	一般	比较不同意	非常不同意
B7	该企业的员工服务态度友善。	5	4	3	2	1
B8	该企业的员工能设身处地为顾客着想。	5	4	3	2	1
B9	该企业的服务环境令人感觉舒适。	5	4	3	2	1
B10	该企业的服务给我留下了美好的回忆。	5	4	3	2	1
B11	我的朋友都认同该企业的服务质量。	5	4	3	2	1
B12	我认为自己属于该企业的目标顾客群体。	5	4	3	2	1
B13	在该企业消费，有助于提升我的社会形象。	5	4	3	2	1
B14	我与该企业的员工像朋友一样。	5	4	3	2	1
B15	该企业经常参与或举办核心服务之外的社会活动。	5	4	3	2	1

第二部分：下列陈述句反映您对该服务品牌的了解、态度和行为倾向。请问您在多大程度上同意下列说法（答案无对错之分，请根据您的真实想法选择一个数字打√）。

题号	问题陈述	认同程度				
		非常同意	比较同意	一般	比较不同意	非常不同意
C4	我熟悉该企业品牌。	5	4	3	2	1
C5	我能说出该企业的宣传口号。	5	4	3	2	1
C6	该企业在行业内有较高的品牌知名度。	5	4	3	2	1

题号	问题陈述	认同程度				
		非常同意	比较同意	一般	比较不同意	非常不同意
C7	该企业是国内知名品牌。	5	4	3	2	1
C8	总体而言，我对该品牌企业提供的服务满意。	5	4	3	2	1
C9	我对该品牌企业的员工态度满意。	5	4	3	2	1
C10	我对该品牌企业的员工服务能力满意。	5	4	3	2	1
C11	我对该品牌企业的服务流程满意。	5	4	3	2	1
C12	我对该品牌企业的服务设施满意。	5	4	3	2	1
C13	我对该品牌企业的服务环境满意。	5	4	3	2	1
C14	我愿意继续使用该品牌企业的服务。	5	4	3	2	1
C15	即使该品牌企业提高服务价格，我也不会更换服务商。	5	4	3	2	1
C16	需要此类服务时，该品牌企业是我的第一选择。	5	4	3	2	1
C17	我乐意向其他人推荐该品牌企业的服务。	5	4	3	2	1

第三部分：您的基本信息

1. 您的性别：

　　□ 男　　　　　　　□ 女

2. 您的年龄：

　　□ 25 岁以下　　　□ 26~35 岁　　　□ 36~45 岁

　　□ 46~55 岁　　　□ 55 岁以上

3. 您的受教育程度：

☐ 大专及以下 ☐ 大学本科

☐ 硕士研究生 ☐ 博士及以上

4. 您的职业：

☐ 公司职员 ☐ 政府公务员及事业单位职工

☐ 个体工商户 ☐ 自由职业者

☐ 学生 ☐ 其他

5. 您的家庭月收入：

☐ 2000 元及以下 ☐ 2001~4000 元

☐ 4001~6000 元 ☐ 6001~8000 元

☐ 8001~10000 元 ☐ 10001 元以上

问卷到此结束。再次感谢您的真诚帮助！祝您身体健康，生活幸福！

以下请调研员填写。

调研的企业名称：

调研时间：

调研地点：

调研员签名：

附录5　正式调研问卷之一（员工部分）

尊敬的女士/先生：

　　您好！我们是山东大学管理学院"服务品牌竞争力"调查组，本次调查试图了解服务品牌差异化优势的构成要素，从而探索服务品牌竞争力的形成机理。本调查是匿名调查，所有信息仅作学术研究之用，我们保证对您的个人信息严格保密。答案无对错之分，只要真实反映您的意见即可。对您在百忙之中帮忙填写问卷，我们表示衷心的感谢！

山东大学管理学院"服务品牌竞争力"调查组

　　第一部分：下列陈述句反映您对自己所属企业品牌的认识。请问您在多大程度上同意下列说法（答案无对错之分，请根据您的真实看法选择一个数字打√）。

题号	问题陈述	认同程度				
		非常同意	比较同意	一般	比较不同意	非常不同意
A1	与同行相比，我们企业能够提供更合乎顾客需要的服务产品。	5	4	3	2	1
A2	与同行相比，我们企业的服务质量更好。	5	4	3	2	1
A3	与同行相比，我们企业的员工更主动关心顾客。	5	4	3	2	1
A4	与同行相比，我们企业的员工能更快速响应顾客的要求。	5	4	3	2	1

续表

题号	问题陈述	认同程度				
		非常同意	比较同意	一般	比较不同意	非常不同意
A5	与同行相比，我们企业的员工素质更高。	5	4	3	2	1
A6	与同行相比，我们企业的实力更大。	5	4	3	2	1
A7	与同行相比，我们企业的顾客口碑更佳。	5	4	3	2	1
A8	与同行相比，我们企业的广告费用更多。	5	4	3	2	1
A9	与同行相比，我们企业的宣传力度更大。	5	4	3	2	1
A10	与同行相比，我们企业的促销更频繁。	5	4	3	2	1
A11	与同行相比，我们企业的服务设施更完备。	5	4	3	2	1
A12	与同行相比，我们企业具有更清晰的品牌定位。	5	4	3	2	1
A13	与同行相比，顾客更认同我们企业的价值观。	5	4	3	2	1
A14	与同行相比，我们企业具有更好的品牌形象。	5	4	3	2	1
A15	与同行相比，我们企业具有更鲜明的品牌个性。	5	4	3	2	1
A16	与同行相比，我们企业更重视品牌文化建设。	5	4	3	2	1

第二部分：下列陈述句反映您对自己所属企业品牌市场竞争表现力的认识。请问您在多大程度上同意下列说法（答案无对错之分，请根据您的真实看法选择一个数字打√）。

题号	问题陈述	认同程度				
		非常同意	比较同意	一般	比较不同意	非常不同意
C1	我们企业品牌的市场占有率较高。	5	4	3	2	1
C2	我们企业品牌的市场覆盖面较广。	5	4	3	2	1
C3	我们企业的利润率高于行业平均水平。	5	4	3	2	1

第三部分：个人信息

1. 您工作的企业名称：

2. 当前您工作的部门或职务：

3. 您在该企业的工作年限：

　　□ 1 年及以下　　　□ 2~5 年　　　□ 6~10 年

　　□ 10~20 年　　　□ 20 年以上

4. 您的性别：

　　□ 男　　　　　　□ 女

5. 您的年龄：

　　□ 25 岁以下　　　□ 26~35 岁　　　□ 36~45 岁

　　□ 46~55 岁　　　□ 55 岁以上

6. 您的受教育程度：

　　□ 大专及以下　　　□ 大学本科

　　□ 硕士研究生　　　□ 博士及以上

问卷到此结束。再次感谢您的真诚帮助！祝您身体健康，工作顺利！

附录6 正式调研问卷之二（消费者部分）

尊敬的女士/先生：

您好！我们是山东大学管理学院"服务品牌竞争力"调查组，本次调查试图了解您对服务品牌的感知，为探索服务品牌竞争力的形成机理提供事实依据。本调查是匿名调查，所有信息仅作学术研究之用，我们保证对您的个人信息严格保密。答案无对错之分，只要反映您的真实看法即可。对您在百忙之中帮助填写问卷，我们表示衷心的感谢！

山东大学管理学院"服务品牌竞争力"调查组

第一部分：下列陈述句反映您对该服务品牌的价值感知。请问您在多大程度上同意下列说法（答案无对错之分，请根据您的真实想法选择一个数字打√）。

题号	问题陈述	认同程度				
		非常同意	比较同意	一般	比较不同意	非常不同意
B1	该企业能够提供我所需要的服务。	5	4	3	2	1
B2	该企业能够提供承诺的服务质量。	5	4	3	2	1
B3	该企业的服务定价合理。	5	4	3	2	1
B4	该企业的员工训练有素。	5	4	3	2	1
B5	该企业的服务设施良好。	5	4	3	2	1
B6	该企业提供服务的过程令人心情愉快。	5	4	3	2	1

题号	问题陈述	认同程度				
		非常同意	比较同意	一般	比较不同意	非常不同意
B7	该企业的员工服务态度友善。	5	4	3	2	1
B8	该企业的员工能设身处地为顾客着想。	5	4	3	2	1
B9	该企业的服务环境令人感觉舒适。	5	4	3	2	1
B10	我认为自己属于该企业的目标顾客群体。	5	4	3	2	1
B11	在该企业消费,有助于提升我的社会形象。	5	4	3	2	1
B12	我与该企业的员工像朋友一样。	5	4	3	2	1
B13	该企业经常参与或举办核心服务之外的社会活动。	5	4	3	2	1

第二部分:下列陈述句反映您对该服务品牌的了解、态度和行为倾向。请问您在多大程度上同意下列说法(答案无对错之分,请根据您的真实想法选择一个数字打√)。

题号	问题陈述	认同程度				
		非常同意	比较同意	一般	比较不同意	非常不同意
C4	我熟悉该企业品牌。	5	4	3	2	1
C5	该企业在行业内有较高的品牌知名度。	5	4	3	2	1
C6	该企业是国内知名品牌。	5	4	3	2	1
C7	总体而言,我对该品牌企业提供的服务满意。	5	4	3	2	1

续表

题号	问题陈述	认同程度				
		非常同意	比较同意	一般	比较不同意	非常不同意
C8	我对该品牌企业的员工态度满意。	5	4	3	2	1
C9	我对该品牌企业的员工服务能力满意。	5	4	3	2	1
C10	我对该品牌企业的服务流程满意。	5	4	3	2	1
C11	我对该品牌企业的服务设施满意。	5	4	3	2	1
C12	我对该品牌企业的服务环境满意。	5	4	3	2	1
C13	我愿意继续使用该品牌企业的服务。	5	4	3	2	1
C14	即使该品牌企业提高服务价格，我也不会更换服务商。	5	4	3	2	1
C15	需要此类服务时，该品牌企业是我的第一选择。	5	4	3	2	1
C16	我乐意向其他人推荐该品牌企业的服务。	5	4	3	2	1
C17	我能说出该品牌企业的宣传口号。	5	4	3	2	1

第三部分：您的基本信息

1. 您的性别：

   □ 男　　　　　　□ 女

2. 您的年龄：

   □ 25 岁以下　　　□ 26~35 岁　　　□ 36~45 岁

   □ 46~55 岁　　　□ 55 岁以上

3. 您的受教育程度：

   □ 大专及以下　　　　　□ 大学本科

   □ 硕士研究生　　　　　□ 博士及以上

4. 您的职业：

   □ 公司职员　　　　　　□ 政府公务员及事业单位职工

   □ 个体工商户　　　　　□ 自由职业者

   □ 学生　　　　　　　　□ 其他

5. 您的月收入：

   □ 2000 元及以下　　　　□ 2001~4000 元

   □ 4001~6000 元　　　　□ 6001~8000 元

   □ 8001~10000 元　　　　□ 10001 元以上

问卷到此结束。再次感谢您的真诚帮助！祝您身体健康，生活幸福！

以下请调研员填写。

调研的企业名称：

调研时间：

调研地点：

调研员签名：

主要参考文献

中文部分

［1］白长虹. 西方的顾客价值研究及其实践启示［J］. 南开管理评论，2001，4（2）.

［2］白长虹，范秀成，甘源. 基于顾客感知价值的服务企业品牌管理［J］. 外国经济与管理，2002，24（2）.

［3］白长虹，廖伟. 基于顾客感知价值的顾客满意研究［J］. 南开学报（哲学社会科学版），2001（6）.

［4］白长虹，刘炽. 服务企业的顾客忠诚及其决定因素研究［J］. 南开管理评论，2002（6）.

［5］白玉，乔鹏涛. 基于层次分析法的品牌竞争力综合评价研究［J］. 科技进步与对策，2005（12）.

［6］郦红艳. 品牌竞争力影响因素分析［J］. 中国工程科学，2002，4（5）.

［7］程鸣，吴作民. 西方服务品牌研究评介［J］. 外国经济与管理，2006，28（5）.

［8］程鸣. 服务品牌价值的驱动因素研究［J］. 华东经济管理，2006，20（7）.

［9］范秀成. 服务质量管理：交互过程与交互质量［J］. 南开管理评论，1999（1）.

［10］范秀成. 顾客体验驱动的服务品牌建设［J］. 南开管理评论, 2001
(6).

［11］范秀成, 罗海成. 基于顾客感知价值的服务企业竞争力探析［J］.
南开管理评论, 2003 (6).

［12］范秀成, 李建州. 顾客餐馆体验的实证研究［J］. 旅游学刊, 2006
(3).

［13］符国群, 俞文皎. 从一线员工角度探讨服务接触中顾客满意与不满
的原因［J］. 管理学报, 2004 (1).

［14］韩福荣, 赵红, 赵宇彤. 品牌竞争力测评指标体系研究［J］. 北京
工业大学学报, 2008 (6).

［15］胡大立, 谌飞龙, 吴群. 品牌竞争力的内涵及其源流分析［J］. 经
济问题探索, 2005 (10).

［16］胡大立, 谌飞龙, 吴群. 品牌竞争力的生成及其贡献要素优势转化
机制分析［J］. 科技进步与对策, 2005 (7).

［17］季六祥. 品牌竞争力战略的全球化定位［J］. 中国工业经济, 2002
(10).

［18］季六祥. 一个全球化的品牌竞争力解析框架［J］. 财贸经济, 2003
(8).

［19］姜岩, 董大海. 消费者视角下的品牌竞争力界定、生成与评价
［J］. 华东经济管理, 2008 (4).

［20］金碚. 论企业竞争力的性质［J］. 中国工业经济, 2001 (10).

［21］李杰, 余明阳, 王琦. 品牌竞争力综述［J］. 上海交通大学学报,
2007 (6).

［22］李雯霞, 霍国庆. 品牌竞争力的形成机理和构成［J］. 企业管理,
2008 (4).

［23］卢泰宏, 黄胜兵, 罗纪宁. 论品牌资产的定义［J］. 中山大学学报
(社会科学版), 2000 (4).

［24］卢泰宏, 吴水龙, 朱辉煌等. 品牌理论里程碑探析［J］, 外国经济

与管理，2009，31（1）.

　　[25] 沈占波. 品牌竞争力的理论基础分析 [J]. 商业研究，2005（22）.

　　[26] 沈占波，杜晓静. 论品牌竞争力外显性指标体系构建 [J]. 商业研究，2005（7）.

　　[27] 沈占波，杜晓静，赵宪军. 论品牌竞争力潜力性指标体系构建 [J]. 商场现代化，2005（8）.

　　[28] 汪波，高辉. 品牌竞争力内涵及其测评研究 [J]. 内蒙古农业大学学报（社会科学版），2006（4）.

　　[29] 魏江，赵江琦，邓爽. 基于模块化架构的金融服务创新模式研究 [J]. 科学学研究，2009，27（11）.

　　[30] 王琦，余明阳. 品牌竞争力层级评估模型理论初探 [J]. 市场营销导刊，2007（6）.

　　[31] 温忠麟，侯杰泰，马什赫伯特. 结构方程模型检验：拟合指数与卡方准则 [J]. 心理学报，2004，36（2）.

　　[32] 王新新. 品牌本体论 [J]. 企业研究，2004（8）.

　　[33] 杨龙，王永贵. 顾客价值及其驱动因素剖析 [J]. 管理世界，2002（6）.

　　[34] 余可发. 基于顾客价值优势的品牌竞争力评价分析 [J]. 商业研究，2006（8）.

　　[35] 余可发. 品牌竞争力生成体系研究 [J]. 上海市经济管理干部学院学报，2009（2）.

　　[36] 余明阳，刘春章. 品牌竞争力的理论综述及因子分析 [J]. 市场营销导刊，2006（6）.

　　[37] 张凤超，尤树洋. 体验价值结构维度模型的比较研究 [J]. 消费经济，2009（4）.

　　[38] 张萍，符国群. 运用关键事件技术分析服务接触中顾客满意与不满的原因 [J]. 南大商学评论，2003（4）.

　　[39] 张世贤. 论工业品品牌竞争力及其量化分析 [J]. 经济导刊，1996

(5).

[40] 张晓飞，董大海. 网络口碑传播机制研究述评 [J]. 管理评论，2011（2）.

[41] 圣吉. 第五项修炼：学习型组织的艺术与实务 [M]. 上海：上海三联书店，1994.

[42] 陈晓萍，徐淑英，樊景立. 组织与管理研究的实证方法 [M]. 北京：北京大学出版社，2008.

[43] 陈祝平. 服务营销学 [M]. 北京：中国财政经济出版社，2001.

[44] 菲茨西蒙斯 J，菲茨西蒙斯 M. 服务管理：运营、战略和信息技术 [M]. 北京：机械工业出版社，2000.

[45] 科特勒，阿姆斯特朗. 市场营销原理 [M]. 北京：清华大学出版社，2002.

[46] 侯杰泰，温忠麟，成子娟. 结构方程模型及应用 [M]. 北京：教育科学出版社，2004.

[47] 胡大立. 企业竞争力决定因素及其形成机理分析 [M]. 北京：经济管理出版社，2005.

[48] 黄永春，杨晨. 企业自主知识产权名牌成长机理与路径的研究 [M]. 北京：清华大学出版社，2010.

[49] 赫斯克特，萨赛，施莱辛格. 服务利润链 [M]. 牛海鹏，等译. 北京：华夏出版社，2001.

[50] 蒋璟萍. 新经济时代的品牌理论：基于本体论视角的品牌竞争力研究 [M]. 北京：中国社会科学出版社，2009.

[51] 蒋三庚. 现代服务业研究 [M]. 北京：中国经济出版社，2007.

[52] 金碚. 竞争力经济学 [M]. 广州：广东经济出版社，2003.

[53] 凯勒. 战略品牌管理 [M]. 李乃和，等译. 北京：中国人民大学出版社，2003.

[54] 洛夫洛克. 服务营销 [M]. 陆雄文，庄莉，译. 北京：中国人民大学出版社，2001.

[55] 菲斯克，格罗夫，约翰. 互动服务营销 [M]. 张金成，等译. 北京：机械工业出版社，2001.

[56] 梁彦明. 服务营销管理 [M]. 广州：暨南大学出版社，2004.

[57] 马庆国. 管理统计—数据获取、统计原理、SPSS 工具与应用研究 [M]. 北京：科学出版社，2002.

[58] 波特. 竞争战略 [M]. 北京：华夏出版社，1997.

[59] 波特. 竞争优势 [M]. 北京：中国财政经济出版社，1988.

[60] 乔春洋. 品牌文化 [M]. 广州：中山大学出版社，2005.

[61] 邱皓政. 结构方程模式—LISREL 的理论、技术与应用 [M]. 台北：双叶书廊，2006.

[62] 卡菲勒. 战略性品牌管理 [M]. 北京：商务印书馆，2000.

[63] 孙日瑶，刘华军. 品牌经济学原理 [M]. 北京：经济科学出版社，2007.

[64] 王新新. 品牌符号论：后工业社会的品牌管理理论与实践 [M]. 长春：长春出版社，2011.

[65] 王兴元. 名牌生态系统分析理论及管理策略研究：基于生态学视角的探索 [M]. 北京：经济科学出版社，2007.

[66] 王兴元. 品牌生态学产生的背景与研究框架 [J]. 科技进步与对策，2004（7）.

[67] 王永贵. 21 世纪企业制胜方略：构筑动态竞争优势 [M]. 北京：机械工业出版社，2002.

[68] 王永贵. 顾客资源管理：资产、关系、价值和知识 [M]. 北京：北京大学出版社，2005.

[69] 吴明隆. SPSS 统计应用实务 [M]. 北京：中国铁道出版社，2001.

[70] 许基南. 品牌竞争力研究 [M]. 北京：经济管理出版社，2005.

[71] 徐茵，等. 顾客价值的生成与影响机制 [M]. 北京：清华大学出版社，2010.

[72] 张林先. 公司管理的哲学 [M]. 北京：中国人民大学出版

社，2006.

　　［73］张世贤. 现代品牌战略 ［M］. 北京：经济管理出版社，2007.

　　［74］张世贤，杨世伟，赵宏大，等. 中国企业品牌竞争力指数系统理论与实践 ［M］. 北京：经济管理出版社，2011.

　　［75］周志民. 品牌管理 ［M］. 天津：南开大学出版社，2008.

　　［76］朱立. 品牌文化战略研究 ［M］. 北京：经济科学出版社，2006.

　　［77］董大海. 基于顾客价值构建竞争优势的理论与方法研究 ［D］. 大连：大连理工大学，2003.

　　［78］张鹏，吕艳玲，王兴元，等. 我省国有企业品牌竞争力提升路径与品牌培育对策研究 ［R］. 山东省软科学研究计划项目，研究报告.

　　［79］张鹏，吕艳玲，王兴元，等. 加快山东装备制造业品牌升级研究 ［R］. 山东省社会科学规划研究项目，研究报告.

英文部分

　　［1］AAKER D A. Managing Brand Equity ［M］. New York：Free Press, 1991.

　　［2］AAKER D A, JOACHIMSTHALER E. Brand leadership ［M］. New York：Free Press, 2002.

　　［3］AAKER J L. Dimensions of Brand Personality ［J］. Journal Of Marketing Research, 1999, 34 (8).

　　［4］ANDERSON A R. Customer Response to Dissatisfaction in Loose Monopolies ［J］. Journal of Customer Research, 1985, 12 (2).

　　［5］ANDERSON E W, FORNELL C A. Customer Satisfaction Research Prospectus ［M］// Rust R T, Oliver R L. Service Quality：New Directions in Theory and Practice. Thousand Oaks, CA：Sage, 1994.

　　［6］ANDERSON E W. Customer Satisfaction and Word of Mouth ［J］. Journal of Service Research, 1998, 1 (1).

　　［7］BABIN B J, DARDEN W R. Consumer Self-regulation in a Retail Environment ［J］. Journal of Retailing, 1995, 71 (1).

[8] BENTLER P M. Comparative Fit Indexes in Structural Models [J]. Psychological Bulletin, 1990, 107 (2).

[9] BERRY L L. Cultivating Service Brand Equity [J]. Journal of the Academy of Marketing Science, 2000, 28 (1).

[10] BERRY L L, PARASURAMAN A. Marketing Services: Competing Through Quality [M]. New York: Free Press, 1991.

[11] BERRY L L, LAMPO S. Branding Labor-Intensive Services [J]. Business Strategy Review, 2004, 15 (1).

[12] BITNER M J. Evaluating Service Encounters: The Effects of Physical Surroundings and Employee Responses [J]. Journal of Marketing, 1990: 54.

[13] CHANDLER A D. Strategy and Structure [M]. Cambridge: The MIT Press, 1962.

[14] CHASE R B, HAYES R. Beefing Up Operations in Service Firms [J]. Sloan Management Review, 1991, 33 (1).

[15] CHIN W W. The Partial Squares Approach to Structural Equation Modeling [M] // MARCOULIDES G A. Modern Methods for Business Research [M]. NJ: Lawrence Erlbaum Associates, 1998.

[16] CHURCHILL G A. A Paradigm for Developing Better Measures of Marketing Constructs [J]. Journal of Marketing Research, 1979, 16 (1).

[17] CRONBACH L. Coefficient alpha and the internal structure of tests [J]. Psychometrika, 1951: 16.

[18] CRONIN J J, Brady M K, Hult G. Assessing the Effects of Quality, Value, and Customer Satisfaction on Consumer Behavioral Intensions in Service Environments [J]. Journal of Retailing, 2000, 76 (2).

[19] DE CHERNATONY LESLIE, RILEY FRANCESCA DALL'OLMO. Expert's Views About Defining Services Brands and the Principles of Services Branding [J]. Journal of Business Research, 1999, 46 (2).

[20] DE CHERNATONY L, DRURY S, SEGAL-HORN S. Identifying and

Sustaining Services Brands'values [J]. Journal of Marketing Communications, 2004, 10 (2).

[21] DE CHERNATORY L, DRURY S, SEGAL-HORN S. Building a Services Brand: Stages, People and Orientations [J]. The Service Industries Journal, 2003, 23 (3).

[22] DE CHERNATONY L, SEGAL-HORN S. The Criteria for Successful Services Brands [J]. European Journal of Marketing, 2003, 37 (7/8).

[23] FORNELL C. A National Customer Satisfaction Barometer: the Swedish Experience [J]. Journal of Marketing, 1992: 56.

[24] FORNELL C, LARCKER D F. Evaluation Structural Equation Models With Unobservable Variable and Measurement Error [J]. Journal of Marketing Research, 1981, 18 (1).

[25] FOURNIER S. Consumer and Their Brands: Developing Relationship Theory in Consumer Research [J]. Journal of Consumer Research, 1998, 24 (4).

[26] GALLOUJ F, WEINSTEIN O. Innovation in Services [J]. Research Policy, 1997: 26.

[27] GARDNER B B, LEVY S J. The Product and the Brand [J]. Harvard Business Review, 1955.

[28] GRACE D, O'CASS A. Examining the Effects of Service Brand Communications on Brand Evaluation [J]. Journal of Product & Brand Man-agement, 2005, 14 (2).

[29] GRACE D, O' CASS A. Service branding: Consumer Verdicts on Service Brands [J]. Journal of Retailing & Consumer Services, 2005, 12 (2).

[30] GREMLER D D. Word of Mouth about Service Providers: An Illustration of Theory Development in Marketing [C] // Park C W, Smith D C. 1994 AMA Winter Educators' Conference: Marketing Theory and Application. Chicago, IL: American Marketing Association, 1994.

[31] GREMLER D D, BROWN S W. Service Loyalty: Its Nature, Im-portance, and Implications. In Edvardsson, B. et al. (Eds), Advancing Service Quality: A Global Perspective, International Service Quality Association, 1996.

[32] GREMLER D D, BROWN S W. The Loyalty Ripple Effect Appreciating the Full Value of Customer [J]. International Journal of Service Industry Management, 1999, 10 (3).

[33] GRÖNROOS C. Value-driven Relational Marketing: from Products to Resources and Competencies [J]. Journal of Marketing Management, 1997, 13 (5).

[34] GRÖNROOS C. A Service Quality Model and Its Marketing Implications [J]. European Journal of Marketing, 1984, 18 (4).

[35] GRÖNROOS C. From Marketing Mix to Relationship Marketing: Toward a Paradigm Shift in Marketing [J]. Management Decision, 1994, 32 (2).

[36] GRÖNROOS C. Service Management and Marketing: Man-aging the Moments of Truth in Service Competition [M]. Lexington, Mass: Lexington Books, 1990.

[37] HAYNES S N, RICHARD D C S, KUBANY E S. Content Validity in Psychological Assessment: A functional Approach to Concepts and Methods [J]. Psychological Assessment, 1995, 7 (3).

[38] HESKETT J L, SASSER W E Jr, SCHLESINGER L A. The Service Profit Chain [M]. New York: Free Press, 1997.

[39] HINKIN T R. A Brief Tutorial on the Development of Measures for Use in Survey Questionnaires [J]. Organizational Research Methods, 1998: 1.

[40] HINKIN T R, TRACEY J B. An Analysis of Variance Approach to Content Validation [J]. Organizational Research Methods, 1999: 2.

[41] HU L T, BENTLER P M, KANO Y. Can Test Statistics in Covariance Structure Analysis Be Trusted? [J]. Psychological Bulletin, 1992, 112 (2).

[42] KAPFERER JEAN-NOËL. The New Strategic Brand Management [M].

London: Kogan Tage, 1997.

[43] KELLER K L. Conceptualizing, Measuring, and Managing Customer-Based Brand Equity [J]. Journal of Marketing, 1993: 57.

[44] KELLER K L. Strategic Brand Knowledge Structures, Measuring and Managing Brand Equity [M]. NJ: Prentice Hall, 1998.

[45] MCALEXANDER J H, SCHOUTEN J W, KOENIG H F. Building Brand Community [J]. Journal of Marketing, 2002, 66 (1).

[46] OLIVER R L. A Cognitive Model of the Antecedents and Consequences of Satisfaction Decisions [J]. Journal of Marketing Research, 1980: 17.

[47] OLIVER R L. Conceptual Issues in the Structural Analysis of Consumption Emotion, Satisfaction and Quality: Evidence in A Service Setting [J]. Advances in Consumer Research, 1994: 21.

[48] OLIVER R L. Whence Consumer Loyalty? [J]. Journal of Marketing, 1999: 63.

[49] PARASURAMAN A, ZEITHAML V, BERRY L. SERVQUAL. A Multiple-Item Scale for Measuring Consumer Perceptions of Service Quality [J]. Journal of Retailing, 1988: 64.

[50] PARASURAMAN A. Reflections on Gaining Competitive Advantage through Custom Value [J]. Journal of the Academy of Marketing Science, 1997, 25 (2).

[51] PARASURAMAN A V, ZEITHAML V A, BERRY L L. The Behavior Consequences of Services Quality [J]. Journal of Marketing, 1996, 60 (2).

[52] PARASURAMAN A P, ZEITHAML V A, BERRY L L. Reassessment of Expectations as a Comparison Standard in Measuring Service Quality: Implications for Future Research [J]. Journal of Marketing, 1994, 58 (1).

[53] PRAHALAD C K, HAMEL G. The Core Competence of the Corporation [J]. Harvard Business Review, 1990, 68 (3).

[54] REICHHELD F F, SASSER W. Zero Defection: Quality Comes to Serv-

ices [J]. Harvard Business Review, 1990, 68 (5).

[55] REICHHELD F F. The Loyalty Effect: The Hidden Force Behind Growth, Profits, and Lasting Value [M]. Boston: Harvard Business Press, 1996.

[56] RILEY F D, DE CHERNATORY L. The Service Brand as Relationships Builder [J]. British Journal of Management, 2000, 11 (2).

[57] RUST R T, OLIVER R L. Should We Delight the Customer? [J]. Journal of the Academy of Marketing Science, 2000, 28 (1).

[58] RUST R T, ZAHORIK A J, KEININGHAM T L. Return on Quality: Making Service Quality Financially Accountable [J]. Journal of Marketing, 1995: 59.

[59] RUST R T, ZEITHAML V A, LEMON K N. Driving Customer Equity: How Customer Lifetime Value is Reshaping Corporate Strategy [M]. New York: Free Press, 2000.

[60] SCHNEIDER B, BOWEN D E. Understanding Customer Delight and Outrage [J]. Sloan Management Review, 1999, 41 (1).

[61] SCHLESINGER L A, HESKETT J. Breaking the Cycle of Failure in Service [J]. Sloan Management Review, 1991: 32.

[62] SHETH J N, NEWMAN B I, GROSS B L. Why We Buy What We Buy: A Theory of Consumption Values [J]. Journal of Business Research, 1991, 22 (2).

[63] SWEENEY J C, SOUTAR G N. Consumer Perceived Value: The Development of a Multiple Item Scale [J]. Journal of Retailing, 2001, 77 (2).

[64] WEBSTER F E. Understand the Relationships among Brand, Consumers, and Resellers [J]. Journal of the Academy of Marketing Science, 2000, 28 (1).

[65] WOODRUFF R B. Customer Value: The Next Source for Competitive advantage [J]. Journal of the Academy of Marketing Science, 1997, 25 (2).

[66] ZEITHAML V A. Consumer Perceptions of Price, Quality, and Value: A Means-end Model and Synthesis of Evidence [J]. Journal of Marketing,

1988: 52.

[67] ZEITHAML V A, BERRY L L, PARASURAMAN A V. The Behavioral Consequences of Service Quality [J]. Journal of Marketing, 1996, 60 (2).

[68] ZEITHAML V A, et al. Delivering Quality Service, Balancing Customer Perceptions [M]. New York: The Free Press, 1990.

后 记

本书由一篇博士论文和两个专题研究融合而成。博士论文是我于 2012 年完成的《服务品牌竞争力形成机理研究》，两个专题研究是张鹏负责的省级软科学项目和社会科学项目的结题报告，也是张鹏和我分别于 2015 年、2016 年合作完成的关于培育和提升山东省国企品牌和装备制造品牌竞争力的研究。鉴于两者研究主题的同一性，我们将之融合而成一本书，不揣浅陋，与读者分享我们关于品牌与品牌竞争力的思考和研究成果。

我首先要感谢张鹏老师。我们是同事，因为合作开展品牌研究和教学而成为朋友。当我提议把自己的博士论文和两个专题研究合并出版一部书稿时，张鹏老师欣然同意，按照出版要求重新整理了两个研究报告。

接下来，我把博士论文的"致谢"摘录如下：

感谢导师王兴元教授。在我几番想放弃学业的时候，导师始终给予我鼓励和支持。论文的选题和写作都得到了导师的悉心指导。在科学研究中，王兴元教授宽广的学术视野、勤勉的工作作风和坚持创新的科学精神，深深感染并激励着我。

感谢在研究生学习期间诲人不倦的师长们：山东大学管理学院徐向艺教授、杨蕙馨教授、胡正明教授、赵炳新教授、钟耕深教授、王益明教授、陈志军教授、潘爱玲教授等，感谢他们在学业上的指导以及在论文开题和预答辩过程中给出的宝贵意见和建议。

在问卷调研过程中，山东大学管理学院张喜民副教授、张灿鹏副教授、周新平副教授和徐凤增副教授对问卷的设计和修正提出了很多有益的建议；

烟台开发区教育局的吕春燕女士、威海职业学校的潘玉泉女士、招商银行济南洪楼支行的王培林经理、山东大学管理学院 2009 级学生张青、张玉莹、袁雨晴、张婷、张梦生等同学在组织发放和回收问卷中付出了大量辛勤的劳动；山东财经大学的于伟老师和济南大学的张鹏老师协助我进行了数据处理。感谢他们无私、热情的帮助。

最后，我要感谢一直守护在我左右的父母、丈夫和儿子，亲人的关爱和支持始终是我努力的动力之源。

本书的出版凝结了光明日报出版社编辑老师们的辛勤劳动，感谢素未谋面却真诚相助的编辑老师们。"一年好景君须记，最是橙黄橘绿时"。青春不再，为了我爱的和爱我的人们，我仍需奋力向前。

吕艳玲

2022 年 7 月 28 日